劉向陽 党明放 著

唐朝公主及其婚姻玫論

韋明鏵 題

蘭臺出版社

目錄

一、唐朝皇帝制度㧑論

皇帝，乃中國歷代封建王朝君主之尊號。上古時期，最高統治者稱「皇」或「帝」。夏朝天子則稱「后」，商朝稱「帝」，周朝稱「王」，春秋戰國時期，因諸侯大多僭越稱「王」，故「王」不再是周天子的專稱。

西元前230—前221，秦嬴政（前259—前210，本趙氏，名政）以十年時間先後併吞了韓、趙、燕、魏、楚、齊六國而統一了天下，建立了新的中央集權制，嬴政認為自己「德兼三皇，功高五帝」，因無以稱其功，故兼採三皇之「皇」和五帝之「帝」構成「皇帝」的稱號，作為對自己的正式稱號[1]，史稱「秦始皇帝」或「秦始皇」。秦始皇時，在中央實行三公九卿制，在地方上廢除分封制，代之以郡縣制，書同文，車同軌，統一度量衡。對外北擊匈奴，南征百越，對內修築長城，溝通水系，被後世譽為「千古一帝」。

到隋唐時期，中央集權制已經演變為君主集權制，尤其是唐朝，皇帝「得一繼明，通三撫運。乘天地之正，齊日月之暉。敷四術而緯俗經邦，蘊九德而辨方軌物。御紫宸而訪道，坐元扈以裁仁。化被丹澤，政洽幽陵。三秀六穗之祥，府無虛月；集園巢閣之瑞，史不絕書。照金鏡而泰階平，運玉衡而景宿麗。可謂鴻名軼於軒昊，茂績冠於勳華。」[2]這種尊崇皇帝的行為不僅表現在政治上，而且在生活以及其他方面依然絕對神聖，因此，也就構成了唐朝典章制度的基本精神和核心內容。本文依據文獻記載，試從東宮制度、皇位繼承、璽節綬符、后宮制度、宗室分封、設官授勛、朝儀制度、皇帝名號等方面初步探討唐代的皇帝制度，不妥之處敬祈方家指正。

（一）東宮制度

東宮，春秋戰國時本為諸侯妾媵所居之宮。漢時則為太后所居之宮。後為太子所居之宮，或稱「青宮」、「春宮」等，亦為太子的代稱。

1. 建儲原則

「儲」即「儲君」，指未來的皇帝。即皇位的繼承人，亦稱「儲元」、「儲副」、「儲后」、「儲嗣」、「儲兩」、「儲貳」等。均為太子別稱。《後漢書》卷36〈鄭興傳附鄭眾傳〉曰：「太子儲君。」《晉書》卷40〈賈沖傳〉、卷59〈成都王穎傳〉均曰「皇太子，國之儲君。」

建儲之制始於商，興於周。因其朝代變遷而致先後有別，史載：

> 蓋成周之制，天王之子稱王世子，諸侯之子稱世子，又皆有太子之稱。秦併六國，兼皇帝而建號，漢承秦法，崇建儲貳，以嫡嗣為皇太子，諸侯王之嫡子稱世子焉。歷世以還，遵其位號。[3]

嫡子，指正室之妻即皇后所生之子。封建時代皇位的繼承人必須是皇帝的嫡長子，無論賢能與否，依長幼而定，即所謂「立嫡以長不以賢」。如果嫡子早薨，則可立其子為繼承人。還有一種情況是「立子以貴不以長」，就是說，若皇后沒有子嗣，退而次之，就只能立「地位最顯貴」的妾的子嗣，並不問其賢德如何。最次的當為「立儲以愛」，即皇帝最喜歡那個兒子，就去立那個兒子為太子。除此之外，比較特殊的尚有皇太叔、皇太弟、皇太孫等。

嫡長子繼承制是中國古代一夫多妻制下實行的一種繼承制度，是維繫宗法制的核心制度之一。在「早建元良」的皇家制度前提下，基本上都能遵循「嫡長子繼統」的建儲原則。在該制度中，嫡長子不一定就是皇子中最有能力之人。由於皇權的尊崇，經常會出現嫡系諸王甚至庶系諸王大打出手爭奪儲位之例，在這種情況下，嫡長子能夠順利繼位者並不多見，如西漢十一帝中，能以嫡長子身份繼位者僅有第二任惠帝劉盈（前210年—前188年，高祖劉邦與呂后所生。前195年6月26日—前188年9月26日在位）、第八任元帝劉奭（前74年—前33年，宣帝劉詢與孝宣許皇后所生。前49年—前33年在位）及第九任成帝劉驁（前51年—前7年4月17日，元帝劉奭與孝元王皇后所生。前33年—前7年4月17日在位）。

縱觀歷史，皇太子與皇帝以及皇子們之間的關係尤其在政治利益上表現得極為複雜和微妙：①皇位的傳承雖然需有繼承人，事實上，皇太子本身就擁有著極大的權力，其存在反過來又會對皇帝構成一定的威脅，甚至在與皇帝發生衝突時，旁加權臣或宦官摻和，皇太子極易叛逆，乃至弒君；②由於其他皇子覬覦儲位，之間往往相互傾軋，甚至兵戎相見，喋血宮門。

唐朝立儲，沿襲漢制。高祖李淵即位之初，便冊立嫡長子李建成為皇太子，「武德元年（618），立為皇太子。」[4]但主要問題是：在晉陽起兵之前，李淵曾對李世民說：「如果霸業成功，就冊立你為皇太子。」之後，李淵為了鞏固霸業，讓李世民繼續能夠率軍征討，再次私下許願可將其改立為皇太子。武德八年（625），加李世民為中書令。又因其戰功益高，屢屢「許以為太子」。

正因為李淵一而再、再而三地反復無常，無形中滋長了秦王李世民的野心；又因皇儲之爭，直接導致秦王李世民與皇太子建成及齊王元吉之間矛盾的尖銳，皇太子曾數次與齊王密謀陷害秦王，結果導致了武德九年六月初四日的那場「玄武門之變」，從整個事態的發展過程看，釀成兄弟反目成仇，進而骨肉相殘，喋血宮門，最終當歸罪於高祖李淵。

太宗朝，李世民打算廢長立幼，以私愛立儲。最終廢黜太子承乾，貶逐魏王李泰，在國舅長孫無忌的強大作用下，皇九子李治被冊立為皇太子。

儲君與皇帝關係的特殊和敏感，致使朝臣們在履行職責時，不得不小心翼翼，既不敢違抗皇命，又不願得罪太子。

2. 太子地位

自帝制誕生後，相應地也就產生了皇太子。史稱：

> 良以其承萬代之業，居群後之上，帝宸之貳體，率土之系心，當

> 副君之任，為天下之本，故其禮秩之尤重，而安危之斯屬焉。[5]

由此可以看出，皇太子所享有的殊遇首先是擁有屬於自己獨立的、類似於朝廷的東宮。東宮在官員的配置上完全仿照朝廷建制。除此之外，皇太子還擁有一支類似於皇家禁軍的私人衛隊——太子諸率。皇太子的妻妾也如同皇帝的妃嬪一樣有正式封號，如太子妃、良娣、孺人等。

皇太子需臨軒冊命。待冊命程式結束後便是皇太子朝皇后、謁太廟、會群臣、群臣上禮、會宮臣、宮臣上禮等。

皇太子會群臣，其如元會之儀。其賀辭云：

> 伏惟殿下，固天攸縱，德業日新，式光宸宮，普天同慶。某等情百常品，不勝忻悅。」左庶子宣令答云：「某以不敏，夙恭禮訓，祗奉朝命，慙懼惟深。[6]

唐朝的太子對皇帝可自稱「兒臣」，對皇后或皇妃亦可稱用「兒臣」。對下級可稱「本王」或「本太子」，皇太子常被左右呼為「儲君」或「郎君」。

皇帝對皇子的稱呼，平時可直呼其名，親昵一點的可呼其乳名，亦或呼其排行，如睿宗李旦常呼排行老三的李隆基為「三郎」。

3. 東宮機構

搜訪賢德，以輔儲宮。東宮僚屬的設置，意在培養皇太子的才德與賢能，說白了，就是在培植皇太子的政治勢力。史載：

> 東宮官敘：太子六傅，太子賓客，太子詹事，太子庶子，太子家令，太子率更令，太子僕，左右衛率府，左右司御率府，左右清道率府，左右監門率府，左右內率府，太子旅賁中郎將，太孫官屬。[7]

　　唐朝東宮僚屬基本上模仿中央的三省六部及卿監百司而設置，只是在規模及員數上有所遞減。

　　太子太師、太子太傅、太子太保各一人，被稱為「太子三師」，並從一品。「以道德輔教太子者也，至於動靜起居，言語視聽，皆有以師焉。」[8]

　　太子少師、太子少傅、太子少保各一人，被稱為「太子三少」，並正二品。「掌奉皇太子，以觀三師之道德而教諭焉。」[9]如太子出行，則需乘輅備儀。

　　「三師」、「三少」雖為閒散之職，但因其品位崇高，不輕易授人。若授，則授予賢達，通常皆由因種種原因而被罷免的權臣或勳臣充任，若無其人，則當空闕。

　　太子賓客四人，正三品。職「掌侍從規諫，贊相禮儀，而先後焉。凡皇太子有賓客宴會，則為之上齒。」[10]

　　在三師三少及賓客之下，又設府、坊、寺、令諸衙門：

　　太子詹事府：太子詹事府仿照中央尚書省而置。後周時稱「太子宮正」或「宮尹」。隋開皇元年（589）更為詹事，唐龍朔二年（662）改為少尹，咸亨元年（670）復舊；則天天授（690—692）中改稱宮尹，中宗神龍元年（705）復舊。設詹事一人，正三品；設少詹事一人，正四品上。「太子詹事之職，統東宮三寺、十率府之政令，舉其綱紀，而修其職務；少詹事為之貳。凡天子六官之典制，皆視其事而承受焉。」[11]其下設丞二人，正六品上；主簿一人，從七品上；錄事二人，正九品下。「丞掌判府事。凡敕令及尚書省、二坊符牒下於東宮諸司者，皆發之，若東宮諸司之申上者，亦如之。主簿掌付所受諸司之移、判及彈頭之事而勾會之。凡三寺、十率府文符之隱漏，程限稽失，大事啟文，小事下率更以繩之；及掌印，勾檢稽失。錄事掌受事發辰。」[12]

　　太子司直二人，正七品上。唐高宗龍朔三年（663）置桂坊舘，比御

史台。置令一人，比御史大夫；司直二人，比侍御史。司直「掌彈劾宮察，糺舉職事。凡皇太子朝宮臣，則分知東西班。凡諸司文武應參官，每月皆具在否，以判正焉；凡諸率府配兵於諸職掌者，亦如之；皆受而檢察，其過犯者，隨以彈啟。若皇太子監國，詹事及左、右庶子為三司使，則司直一人與司議郎、舍人分日受啟狀，詳其可否，以申理之。若皇太子出，則於鹵簿內分以糾察。」[13]

太子左春坊：太子左春坊仿中央中書省和門下省而設。北齊為門下坊，高宗龍朔二年（662）改為左春坊。設左庶子二人，正四品上；太子中允二人，正五品下。「左庶子之職，掌侍從，贊相禮儀，駁正啟奏，監省封題，中允為之貳。凡皇太子從大祀及朝會，出則版奏外辦中嚴，入則解嚴焉。凡令書下於左春坊；則與中允、司議郎等覆啟以畫諾；及覆下，以皇太子所畫者留為按，更寫令書，印署，注令諾，送詹事府。若皇太子監國，事在尚書者，如令書之法。」[14]

太子司議郎四人，正六品上；唐太宗貞觀十八年（644）置，高宗龍朔二年（662）改為太子左司議郎，咸亨元年（670）復舊。職擬給事中。錄事二人，從八品下；主事三人，從九品下。「司議郎掌侍從規諫，駁正啟奏，以佐庶子、中允之闕。凡皇太子之出入朝謁、從享，及釋奠於先聖先師，講學、臨胄，撫軍、監國之命可傳於史冊者，並錄為記注。若宮坊之內祥瑞、災眚，及伶官之改變音律、新曲調，宮臣之宮長除拜、薨卒，亦皆記焉。每歲終，則送之於史館。」[15]

太子左諭德一人，正四品下，職擬左散騎常侍。太子左贊善大夫五人，正五品上。龍朔二年（662）改為太子中允，咸亨元年（670）復置中允，而贊善大夫不廢，又加置五人。職擬諫議大夫。「左諭德掌諭太子以道德也。皇太子朝宮臣，則列侍於左階；出入，則騎從於正道之左。其內外庶政有可為規諷者，隨事而贊諭焉。左贊善掌翊贊太子以規諷也。皇太子出入動靜，苟非其德義，則必陳古以箴焉。」[16]

太子左春坊下設崇文舘、司經局、典膳局、藥藏局、內直局、典設局

及宮門局等機構：

崇文館：仿中央門下省所屬的弘文館而置。初，魏文帝招文儒之士，始置崇文館，王肅以散騎常侍領崇文館祭酒。自後無聞。貞觀中，崇文館設學士、直學士員，員數不定。掌教授學生等業。設校書郎二人，從九品下。「崇文館學士掌刊正經籍圖書，以教授諸生。其課試、舉送如弘文館。校書掌校理四庫書籍，正其訛謬。」[17]

司經局：仿中央秘書省而置。設洗馬二人，從五品下；文學三人，正六品下；校書四人，正九品下；正字二人，從九品上。「洗馬掌經史子集四庫圖書刊緝之事，立正本、副本，貯本以備供進。凡天下之圖書上於東宮者，皆受而藏之。文學掌分知經籍，侍奉文章，總緝經籍；繕寫裝染之功，筆劄給用之數，皆料度之。校書、正字掌校理刊正經、史、子、集四庫之書。」[18]

典膳局：仿中央尚食局而置，設典膳郎二人，正六品上；丞二人，正八品上。「典膳郎掌進膳嘗食之事；丞為之貳。每夕，局官於廚更直。」[19]

藥藏局：仿中央尚藥局而置，設藥藏郎二人，正六品上；丞二人，正八品上。「藥藏郎掌和齊醫藥之事；丞為之貳。凡皇太子有疾，命侍醫入診候以議方藥。應進藥，命藥僮貳篩之，侍醫和成之；將進，宮臣監嘗，如尚藥局之職。」[20]

內直局：仿中央尚衣局而置，設內直郎二人，從六品下；丞二人，正八品下。「內直郎掌符璽、傘扇、幾案、衣服之事；丞為之貳。」[21]

典設局：仿中央尚舍局而置，設典設郎四人，從六品下。「典設郎掌湯沐、灑掃、鋪陳之事。凡大祭祀，皇太子散齋三日於別殿，致齋二日於正殿。前一日，設幄坐於正殿東序及室內，俱西向，又張帷於前楹下；殿若無室，則張帷。若大禮應供者亦如之。」[22]

宮門局：仿城門郎而置，設宮門郎二人，從六品下；丞二人，正八品

下。「宮門郎掌內外宮門管鑰之事。凡宮殿門，夜漏盡，擊漏鼓，開；夜漏上水一刻，擊漏鼓，閉。每歲終行儺，應經所由門，並先一刻早開。若皇太子不在，則閉東宮正門，其宮城門使、宿衛人應入宮殿者，各於左、右廂便門出入；至皇太子還仗，乃開。凡宮中漏刻晝夜惟唱時，不復擊鼓；若開、閉門及每夜一更盡，依法擊鐘鼓。」[23]

　　太子右春坊：設右庶子二人，正四品下；太子中舍人二人，正五品下。其職「掌侍從左右，獻納啟奏，宣傳令言；中舍人為之貳。凡皇太子監國，於宮內下令書，太子親畫日至春坊，則宣傳之。」[24]下設太子舍人四人，正六品上；職「掌侍從，行令書、令旨及表、啟之事。皇太子通表如諸臣之禮。諸臣及宮臣上皇太子，大事以箋，小事以啟，其封題皆曰『上於右春坊』，通事舍人開封以進。其事可施行者，皆下於舍人，與庶子參詳之，然後進；不可者則否。」[25]

　　太子右諭德一人，正四品下；太子右贊善大夫五人，正五品上。「右諭德掌如其左。皇太子朝宮臣，則列侍於右階之下；出入，則騎於正道之右。右贊善大夫掌如其左。凡皇太子朝宮臣，則列於右階之下。」[26]

　　太子通事舍人八人，正七品下。職「掌導引東宮諸臣辭見之禮，及承令勞問之事；凡大朝謁及正、冬，百官與諸方之使者參見東宮，亦如之。若皇太子行，先一日，京文武官職事九品已上奉辭；及還宮之明日，參見亦如之。」[27]

　　太子內坊：此由宦官主之。設典內二人，從五品下；丞二人，從七品下；「典內掌東宮閤內之禁令，及宮人糧廩賜與之出入；丞為之貳。凡任典直以儀式，導客主之儐序，任閤帥以門戶，任內閤以出入，任給使以傘扇，任內廄以車舉，任典事以牛馬；典內統而監主之。凡皇太子妃之親、內命婦之母並郡主合乘車出入者，亦監之。凡宮人、命婦亡葬之制，皆率其屬而供其職。」[28]

　　除此之外，另設太子內官如下：

司閨，從六品。掌導引妃及宮人名簿，以總掌正、掌書、掌筵，知三司出納。掌正，從八品。掌文書出入，錄目為記；並閨閣管鑰，糾察推罰。女史，流外三品。掌典文簿而執行焉。掌書，從八品。掌寶及符契、經籍，宣傳、啟奏，教學、廩賜，及紙筆、監印。掌筵，從八品。掌帷幄、床褥，幾案、舉傘扇，灑掃、鋪設及賓客。司則，從六品。掌禮儀參見，以總掌嚴、掌縫、掌藏，而領其事。掌嚴，從八品。掌首飾、衣服，巾櫛、膏沐，服玩、仗衛。掌縫，從八品。掌裁縫衣服、織績。掌藏，從八品。掌金玉、珠寶、財貨、綿繒、縑彩出入。司饌，從六品。掌膳羞，進食先嘗，以總掌食、掌醫、掌園，而領其事。掌食，從八品。掌膳羞、酒禮，燈燭、柴炭，及宮人食料、器皿。掌醫，從八品。掌醫藥、伎樂。掌園，從八品。掌園苑，種植蔬果。[29]

太子家令寺：仿中央光祿寺、司農寺及太府寺而置。設家令一人，從四品上；丞二人，從七品上；主簿一人，正九品下。家令「掌皇太子之飲膳、倉儲、庫藏之政令，總食官、典倉、司藏三署之官屬。凡皇太子備禮出入，則乘軺車，具威儀，先諸臣以導引。若祭祀、賓客，則供酒食，以為獻主。若進獻、賜與，則奉金玉、貨幣，而以法式贊之。凡宮坊府署廨宇及床幾、茵蓐席、器物不供於將作、少府者，皆供之。丞掌判寺事。凡食官、典倉、司藏之出納，籍其名數，以時刺於詹事。凡莊宅、田園，必審其頃畝，分其疆界，置於籍書；若租稅，隨其良瘠而為收斂之數，以時入之，禁其逋違者。若宮、朝、坊、府有土木營繕，則下於司藏，命典事以受之。主簿掌印及勾檢稽失。凡寺、署之出入財物，役使工徒，則刺詹事，上於尚書；有所隱漏，言於司直；事若重者，舉諸家令，以啟聞。」[30]

太子率更寺：仿中央宗正寺、太常寺及大理寺而置。設令一人，從四品上；丞二人，從七品上；主簿一人，正九品下。率更令「掌宗族次序，禮樂、刑罰及漏刻之政令。凡皇太子釋奠於先聖先師，講學齒胄，皆總

其儀注，而為之導引。若皇太子備禮出入，則乘軺車，位亞家令焉。」[31]

太子僕寺：仿中央太僕寺、衛尉寺、鴻臚寺及殿中省尚乘局而置。設僕一人，從四品上；丞一人，從七品上；簿一人，正九品下。太子僕「掌車輿、騎乘、儀仗之政令及喪葬之禮物，辨其次敘與其出入，而供給之。」[32]

東宮太子左右衛率府、左右司御率府、左右清道率府、左右監門率府及左右內率府則仿中央十六衛而置，號稱「東宮十率府」。

太子左右衛率府，設率各一人，正四品上；副率各二人，從四品上。左右衛率「掌東宮兵仗羽衛之政令，以總諸曹之事，凡親、勳、翊府及廣濟等五府屬焉；副率為之貳。凡元正、冬至，皇太子朝宮臣及諸方使，則率衛府之屬以儀仗為左、右廂之周衛。若皇太子備禮出入，則如鹵簿之法以從。每月，親、勳、翊三府之衛及廣濟等五府之超乘應番上者，配於所職。」[33]下設長史、錄事參軍事、倉曹參軍事、兵曹參軍事、冑曹參軍事、司階、中候、司戈、執戟等，員數從各一至各三不等，品級從正七品上至從九品下不等。

太子左右司御率府，設率各一人，正四品上；副率各二人，從四品上。左右司

率「掌同左、右衛率；副率為之貳。郊城等三府之旅賁應番上者，各配於所職。」[34]下設長史、錄事參軍事、倉曹參軍事、兵曹參軍事、冑曹參軍事務、司階、中候、司戈、執戟等，員數從各一至各三不等，品級從正七品上至從九品下不等。

太子左右清道率府，仿照中央左右金吾衛而置。設率各一人，正四品上；副率各二人，從四品上。左右清道率府率「掌東宮內外晝夜巡警之法，以戒不虞，凡絳邑等三府皆屬焉；副率為之貳。凡皇太子出入，則領其屬以清遊隊為之先，以後拒隊為之殿，其餘依鹵簿之法以從。凡仗衛之出入，置細引以導之，兼為之糾正。」[35]

　　太子左右監門率府，仿照中央左右監門衛而置。設率各一人，正四品上；副率各二人，從四品上。左右監門率府率「掌東宮諸門禁衛之法；副率為之貳。凡東宮諸司應以籍入於宮殿者，皆本司具其官爵、姓名以牒門司，門司送於監門，監門之主與判曹印署，復送於門司；門司會之，同則聽入。凡東宮內、外門之守者，並司其出入。凡財物、器用之出入於宮禁者，皆以籍傍為據，左、右監門以出入之。若皇太子出入；則依鹵簿之法，率其屬於牙門之左右，以為捍守。」[36]下設長史各一人，從七品上；錄事參軍事各一人，正九品上；兵曹參軍事務一人，正九品下；胄曹參軍事各一人，正九品下。

　　太子左右內率府，仿照中央左右千門衛而置。設率各一人，正四品上；副率各一人，從四品上。左右內率府率「掌東宮千牛、備身侍奉之事，而主其兵仗，總其府事；而副率為之貳。以千牛執細刀、弓箭，以備身宿衛、侍從，以主仗守戎服、器物。凡皇太子坐朝，則領千牛、備身之屬升殿。若射於射宮，則率領其屬以從，位定，千牛、備身奉細弓及矢，立於東階上，西面；率奉弓，副率奉矢及決拾，北面張弓，左執弨，右執簫以進副率以巾拂矢而進，進訖，各退立於位。及射，左、右內率啟其矢中及不中，既事，受亦如之。」[37]下設長史各一人，從七品上；錄事參軍事各一人，正九品上；兵曹參軍事各一人，正九品下，胄曹參軍事各一人，正九品下。長史掌判諸曹官吏及千牛、備身之貳，余如左、右率府。錄事參軍事掌印，兼勾簿書及其勳階、考課稽失。兵曹掌文武官及千牛、備身之簿書，及其勳階、考課、假使、祿俸之事。胄曹掌細引仗及羽儀之物，自千牛以下各分而典之。

4. 太子監國

　　太子監國，指皇太子替代皇帝留守宮廷處理國政。「君行，太子居，以監國也；君行，太子從，以撫軍也。」[38]也指皇帝未能親政而暫理朝政。「太子奉塚祀社稷之粢盛，以朝夕視君膳者也，故曰塚子。君行則守，有守則從，從曰撫軍，守曰監國，古之制也。」[39]

　　通常情況下，下列幾種情形將會出現太子監國：①太子臨危受命的監國；②太子攘奪皇權後的監國；③皇帝巡幸時的太子監國；④皇帝因病詔令太子監國；⑤權臣或宦官廢帝后的太子監國。

　　如果太子是臨危受命或攘奪皇權監國，這就足以表明太子已經實際上操控了國家的權力。唐朝的太子監國現象如武德九年六月初四日，秦王李世民發動玄武門之變，射殺太子建成和齊王元吉後，成為最有實力的人物。至此，高祖李淵已經失去了控制政局之力。無奈之下，只好立世民為皇太子，同時令其監國。

　　在皇權分配制度上，以監國方式交出國政不失為一種體面之策。大唐歷289年共21帝，其中大多是以皇太子身份監國的。正常時期政局穩定，統治集團內部雖然存在著爭鬥，但多數皇帝還是能夠隨時地控制政局，如果在這個時期委以太子監國，則起的主要是行政方面的作用；非常時期政局不穩，如果在這個時期委以太子監國，則起的主要是政治方面的作用。

　　太子在監國期間，其中央行政運行方式和程式往往會出現相應的變化。首先是以東宮僚屬為處理全國政務之官員，採用的是太子系統的公文格式向全國發文。並取代中央中書、門下和尚書三省主持全國政務。而中央三省之長官中書令、侍中及尚書令則以兼攝方式臨時運轉到東宮體制上以協調兩宮聯繫。其基本等同於中央的三省六部制。

　　到了李治監國時期，政治制度上有所增減。從立法上正式對太子系統公文格式做出決定，中央行政中樞用東宮的班子，但中央三省的主要官吏卻被臨時委以東宮官職，使他們共同輔佐太子。高宗因其體弱多病，又常住東都洛陽，多次委以太子監國，事實上，也給武后參與朝政決策以可乘之機。武則天時期，廢立事頻，儘管如此，儀鳳四年（679），皇太子李賢曾也監國一年。永淳元年（682）至武后駐東都洛陽期間，太子李顯也曾監國一年有餘。由於廢立不定，大權操握在武后等人手中，這一時期，太子監國在許可權上被大打折扣。

　　睿宗前期，臨淄王李隆基以實力誅韋氏政治集團有功，得立為太子

後，也曾以太子身份監國。自玄宗以後諸帝以太子監國，多系宦官相逼。

（二）皇位繼承

1. 太子登基

登基，又稱「登極」、「即位」、「繼位」。所謂登基大典，就是宮廷為新皇帝即位所舉行的一個聲勢浩大的儀式，即「登基儀」。這一儀式往往通過祭天告祖藉以顯示皇權的合法性──「代天行令」。即所謂「**事莫大於正位，禮莫盛於改元。**」[40]在秦始皇時代，典儀還處於草創階段，到劉秀（西元前5年1月15日—西元57年3月29日。西元25年—57年在位）稱帝時，在郜（古春秋晉邑名。在今山西浮山縣境）地之陽築壇位。進入唐朝，登極儀式更加完備：首先由皇帝派遣使臣祭饗天地和宗社，祇告受命於上天和祖宗；其次為皇帝穿戴袞冕禮服臨殿端坐，接受文武百官的拜賀行禮，稱臣者上表，以確立君臣之分；再次於中外頒佈即位詔書，宣佈改元大赦。

大凡開國皇帝的登極典禮都較為隆重，奏樂舞蹈、鳴鐘鳴鼓一應俱全，處處充滿著喜慶祥和之氣氛。如果是先帝駕崩，受其喪事影響，故太子即位的典禮就較為簡單，其奏樂舞蹈和賜宴統統被取消。

通常情況下，唐朝皇太子即位典禮會在先帝駕崩後的一個月內擇日舉行。也有在極短時間內舉行的。如貞觀二十三年五月二十六日，唐太宗李世民駕崩於終南山翠微宮含風殿，遺詔皇太子李治於柩前即位。「**六月甲戌朔初一日，高宗即位，赦天下。**」[41]弘道元年十二月初四日夜，高宗李治駕崩於東都洛陽貞觀殿，遺詔：「**七日而殯，皇太子即位於柩前。**」[42]寶應元年四月十八日，肅宗李亨崩於東內大明宮長生殿，「**戊辰，發大行皇帝喪於兩極殿，宣遺詔。己巳，代宗即位。**」[43]

紀年改元，以示萬象更新。有的皇帝登基後並不改元，如唐朝之前的後周世宗、恭帝皆沿用太祖的「顯德」年號，而唐末哀帝李柷，昭宗李曄

第九子，天祐元年八月十一日夜，朱溫使人殺其父昭宗，次日，樞密使蔣玄暉矯詔，以輝王李祚「幼彰岐嶷，長實端良，裒然不群，予所鍾愛，必能克奉丕訓，以安兆人。宜立為皇太子，仍改名柷，監軍國事。」[44]午時，「又矯皇后令，太子於柩前即位。宮中恐懼，不敢出聲哭。丙午，詔宣帝即位。」[45]年僅十三歲的李柷即位後，仍舊沿用昭宗「天祐」年號，由此可以看出國家的衰亡變化。

2. 頒詔

「詔」，即「詔書」，亦稱「詔旨」、「詔命」，是古代皇帝的一種專用佈告天下的命令文書。「詔，告也，自秦漢以下，惟天子獨稱之。」[46]頒詔，即指皇帝頒佈詔書之禮儀。一般在遇有太子登基、冊立皇后、上尊號及大災變等大政時所舉辦的隆重典禮時頒佈。

詔書由皇帝的秘書機構根據皇帝旨意草擬謄寫，黃紙墨書，鈐蓋帝璽。待儀式結束後，交給相關部門照式刊刻，並頒佈天下。原件須交回備案。

3. 大赦天下

「大赦」（拉丁文動詞indulgere），意指來自教會寶庫的賜贈，給予已經獲得罪赦的信友免除全部（即全大赦）或部分（即限大赦）暫罰的特恩，亦稱「肆赦」。屬赦免的一種。

中國古代皇帝往往會在登基、更改年號、冊立皇后、冊立皇太子、皇帝巡幸及朝廷有重大喜慶等情況下頒佈赦令，就是以皇帝命令的方式對某個時期的特定罪犯或一般罪犯實行免除或減輕罪責或刑罰。大赦天下，往往是皇帝為了展示自己以仁為政，以民為本，進而得到黎民百姓的擁戴。事實上，這是一種收買人心的政治手腕。大赦天下的目的就是要讓天下百姓都興高采烈，使得人間充滿祥和，以充分體現皇帝很為民，很愛民，很寬民，很得民心。

據史料記載，秦代以前沒有發生過皇帝大赦天下的事情。大赦是從漢朝開始的，到了唐朝，大赦的頻率相當之高，大概平均十八個月，皇帝就有一次大赦天下。唐王朝是中國歷史上下詔大赦最為頻繁的朝代之一。太宗朝國力強盛，四夷臣服，貞觀四年（630），各族君長共推太宗為「天可汗」，當時社會五穀豐登，天下太平，一斗米價僅三、四錢，百姓安居樂業，夜不閉戶。太宗喜形於色，大赦天下，規定包括死罪在內，統統予以赦免。但赦令中卻特別申明：凡官吏貪贓枉法者不在赦免之列。如貞觀九年（635），西戎擾境，加之太上皇李淵駕崩，太宗認為這是德澤未遍所致，於是，再次下詔大赦，但仍不赦贓官。

玄宗朝是唐王朝的鼎盛時期，開元二十年（732）大破奚、契丹，百姓人丁興旺，全國有786萬多戶，人口達4543萬之多。玄宗於是下詔大赦：「奉天時減降天下囚徒。」規定凡流罪以下全予赦免。「安史之亂」後，唐王朝由盛漸衰，肅宗李亨以天下未寧，屢下赦令，以示優恤。乾元二年（759），大赦規定，天下囚徒，凡死罪者減為流放，流罪以下者一律赦免。但諸帝赦令亦都特別強調凡貪贓枉法者均不在赦免之列。之後，文宗李昂、宣宗李忱、懿宗李漼，乃至僖宗李儇在大赦令中，也都極力強調官吏犯贓不予赦免的規定。

4. 禪讓

在古代，伊祁姓的堯讓位給姚姓的舜，姚姓的舜讓位給姒姓的禹。實際上，這是一種「擬父子相繼、兄終弟及」的王位傳承制度，是對正統王位繼承制的模擬，是上古政治舞臺上部族政治激烈角逐的結果，目的是讓各大部族的代表人物都有機會分享最高權力。

中國歷史上的王朝更替，多以禪讓之名行奪權之實，所謂「禪讓」，實際上都是當政皇帝受到權臣或宦官脅迫而退位，為避免「不忠」的罵名，便打著禪讓的旗號，以取得皇權移交的正統性。如唐武德九年（626）六月的玄武門之變後，高祖李淵被迫禪位；延和元年（712），睿宗李旦主

動禪位給皇太子李隆基；天寶十五載（756），皇太子李亨自馬嵬驛（今陝西興平馬嵬驛）與玄宗分道揚鑣北上靈武（今寧夏靈武），遂即登基，而身在劍南的玄宗面對如此政治局面無可奈何，只得禪位。因此，凡以禪讓而滅亡某一朝代，史書表述則用「篡」字；若以武力直接推翻某一朝代，史書表述則用「滅」字。

（三）璽節綬符

「璽」，初文作鉥。蔡邕云：「璽者，印信也……古者尊卑共之。」這裡指皇帝、皇后、皇太后及皇太子的印章。

「綬」，即指繫印之絲帶。

「符」，又稱「符契」，或「符節」。通常用竹板或金屬製成，上面刻有文字，一分為二，一半由將帥持有，一半則留在朝廷。是古代皇帝調動軍隊或發佈命令的信物，它是權力的象徵，具有絕對服從的意義。官署之符，唐初使用銀菟符，後改為銅魚符，用於調軍旅，易守令。

1. 皇帝璽

帝璽，即「傳國玉璽」，簡稱「傳國璽」，又稱「傳國寶」，乃國之重器，為中國歷代皇帝相傳之印璽。據說傳國玉璽始於秦始皇帝嬴政（259年—210年）統一天下之後，由當時的丞相李斯（284年—208年）受命以藍田玉精研細磨，雕琢而成。其方圓四寸，上紐交五龍，正面鐫刻李斯所書「受命於天，既壽永昌」八個篆字，以作為「皇權神授、正統合法」之信物（另有一說即傳國玉璽為和氏璧所琢，此說最早見於唐朝張守節在《史記正義》中引用北魏崔浩之言，稱「李斯磨和璧作之」。這種觀點在盛唐時十分流行，並逐漸成為定論。甚至在梁肅的〈受命寶賦〉和杜光庭的《錄異記》中還「考證」出了咸陽玉工孫壽為秦始皇帝磨和氏璧作璽的事實。但這種說法在秦、漢時期的文獻中都找不到任何相關的記載。）。後

歷代帝王凡以得此璽皆奉若珍寶，得之則象徵其「受命於天」，失之則體現其「氣數已盡」。凡登大位而無此璽者，則被譏為「白版皇帝」。

早在五代十國之前，所謂的傳國玉璽或受命璽至少有秦、漢、魏、晉、慕容燕、姚秦六方。及至唐武德年間（618年－626年），增「神璽」及「受命璽」為八璽。「天子有傳國璽及八璽，皆玉為之。」[47]

在八璽中，神璽以鎮國，平時藏而不用。受命璽以封禪，上辭：「皇天景命，有德昌者。」帝行璽用以答王公之書；帝之璽用以勞王公；帝信璽用以召王公；而天子行璽用以答四夷之書；天子之璽用於勞四夷；天子信璽用於召四夷之兵。唐末，天下大亂，群雄四起。天祐四年（907），朱全忠廢哀帝，奪傳國璽。

凡璽之用，皆以泥封。如逢大朝會，符璽郎則進神璽和受命璽於御座；皇帝巡行，則給京師留守以留守印。諸司從行者，則給從行印。

2. 后妃符璽

凡太皇太后、皇太后、皇后之璽皆以金為之，平時藏而不用。如有封令書，太皇太后、皇太后則用宮官印；皇后用內侍省印。

3. 太子符璽

凡皇太子、皇太子妃之璽亦以金為之。平時藏而不用。如有封令書，皇太子則用左春坊印，皇太子妃則用內坊印。

（四）后宮制度

在中國古代社會，普遍實行一夫一妻制。但實際上一夫一妻制僅局限於平民百姓，而那些貴族及所謂的大戶人家則妻妾成群。天下為私，家國一貫，至於帝王后宮，更是佳麗三千、粉黛如雲。其宮女之來源，或由禮聘，或由采選，或由晉獻，或由罪沒；其身世，或為大家閨秀，或為良家

婦女；或出身顯貴，或出身卑賤；或心甘情願，或身不由己。總之，其處境和命運皆不盡相同。

1. 皇后

周朝以前，天子之妻皆稱「妃」，周朝始稱「后」。秦改天子為皇帝，正妻為皇后。皇后，母儀天下，眾妃之主。「王后帥六宮之人。」[48]位居「一人之下，萬人之上」。歷朝歷代，大凡后宮都有著一套相應的后妃制度。而真正的后妃制度和等級劃分直到漢朝才趨於完備並開始施行。所謂「椒房」，即指漢朝皇后的宮殿多以椒塗壁，用以取暖辟邪，也含「多子」之意，因此，椒房即為皇后的別稱、或用以代稱皇后寢宮。

任何一位元皇后的產生都需要經過臨軒冊命，即正式確立名分。若皇帝在登基前已有正室，則通常不另擇人選，可直接將正室納入后宮，並冊為皇后，但也有皇帝是先將正室納入后宮，先冊封為嬪妃，擇日再升為皇后，如漢朝宣帝的妻子許平君就是這樣，先封為婕妤，後立為皇后。但也不是所有正室都能被立為皇后，如曹丕的妻子甄氏和唐憲宗李純的結髮妻郭氏。

文獻記載，臨軒冊命皇后有著一套極為嚴格的禮儀，冊命完成後，皇后即受群臣賀、表謝、朝皇太后、皇帝會群臣、群臣上禮、皇后會外命婦、皇后廟見等。

在禮儀上，皇后與皇帝平等，出則同車、入則同座。同時，皇后還擁有屬於自己的官署，而皇帝的所有嬪妃、宮女都是她的臣屬。

2. 嬪妃

「嬪」，原意為宮廷女官，多指皇帝之妾；妃，原意為配偶，多指皇帝之妻。嬪妃又稱「內官」，「內官不及同姓，其生不殖。」[49]位僅次於皇后；亦指太子、王、侯之妻。

據《周禮》載，周天子可立一后、三夫人、九嬪、二十七世婦、

八十一御妻。春秋時期，各路諸侯相繼稱王，並以天子自居，他們所擁有異性的數量遠遠超過周天子。孟子謂大人「侍妾數百」，管子謂齊襄公「陳妾數千」。史載，晉武帝后宮嬪妃逾萬，「不知所適」，只好坐在羊車上任其拉移，羊車所至，即為武帝當夜就幸之處。唐玄宗時，長安太極宮、大明宮、興慶宮及洛陽大內、上陽宮，東西兩京宮人高達四萬，玄宗深感無法遍幸，於是，便發明瞭隨蝶所幸，即命嬪妃宮人在頭上插上鮮花，自己親手捉粉蝶放之，若粉蝶飛落在那裡，當晚就在那裡臨幸，謂之「蝶幸」。

漢初襲秦。凡皇帝正室稱皇后，妻妾皆稱夫人，並立皇后、夫人、美人、良人、八子、七子、長使、少使八品。漢武帝時增加婕妤、娙娥、傛華、充依，並各有爵位。漢元帝時又創昭儀，位僅次於皇后；整個后宮人數多達三千，除皇后外定制十四等：（1）昭儀，視丞相，萬石，爵比諸侯王；（2）婕妤，視上卿，萬石，爵比列侯（第二十等）；（3）娙娥，視中二千石，爵比關內侯（第十九等）；（4）傛華：視真二千石，爵比大上造（第十六等）；（5）美人，視二千石，爵比少上造（第十五等）；（6）八子，視千石，爵比中更（第十三等）；（7）充依，視千石，爵比左更（第十二等）；（8）七子，視八百石，爵比右庶長（第十一等）；（9）良人，視八百石，爵比左庶長（第十等）；（10）長使，視六百石，爵比五大夫（第九等）；（11）少使，視四百石，爵比公乘（第八等）；（12）五官，視三百石；（13）順常，視二百石；（14）舞涓、共和、娛靈、保林、良使、夜者，均視百石。

除此之外，尚有所謂的上家人子、中家人子，官秩比佐史，或稱鬥食。唐顏師古曰：「謂之鬥食者，言一歲不滿百石，日食一鬥二升。」[50]文獻中還曾出現過諸姬、長御、材（才）人、待詔掖庭、中宮史、學事史等名目。

隋開皇初，「文獻皇后功參曆試，外預朝政，內擅宮闈，懷嫉妒之心，虛嬪妾之位，不設三妃，防其上逼。自嬪以下，置六十員。加又抑

損服章，降其品秩。」[51]

　　史載孤獨皇后悍妒，妃嬪之號等同虛設。僅設嬪三員，掌教四德，視正三品；世婦九員，掌賓客祭祀，視正五品；女御三十八員。掌女功絲枲，視正七品。另置六尚、六司、六典，互相統攝，以掌宮掖之政。仁壽二年（602）八月，皇后崩逝，隋文帝即在嬪之上置貴人三員，並將嬪數增至九員，世婦增至二十七員，御女增至八十一員。

　　在文獻中，唐朝稱年逾花甲的獨孤皇后為「寵婦」，稱其行為乃「擅寵」。

　　隋煬帝楊廣（569－618）繼位後，妃嬪無厘婦職，唯端容麗飾，陪從宴遊而已。「參詳典故，自製嘉名。」后宮設置三夫人（貴妃、淑妃、德妃），品正第一；九嬪（順儀、順容、順華、修儀、修容、修華、充儀、充容、充華），品正第二；婕妤十二員，品正第三；世婦一十五員，品正第四；寶林二十員，品正第五；御女二十四員，品正第六；女御三十七員，品正第七，總一百二十員。另置承衣刀人，趨侍左右，並無員數，視六品以下。再增置女官，以六局統管二十四司。此外，還有不入流（無品級）的女史，員數不定。

> 　　唐因隋制，有貴妃、淑妃、德妃、賢妃，各一人，為夫人，正一品；昭儀、昭容、昭媛、修儀、修容、修媛、充儀、充容、充媛，各一人，為九嬪，正二品；婕妤九人，正三品；美人四人，正四品；才人五人，正五品；寶林二十七人，正六品；御女二十七人，正七品；采女二十七人，正八品。六尚亦曰諸尚書，正三品；二十四司亦曰諸司事，正四品；二十四典亦曰諸典事，正六品；二十四掌亦曰諸掌事。龍朔二年，置贊德二人，正一品；宣儀四人，正二品；承閨五人，正四品；承旨五人，正五品；衛仙六人，正六品；供奉八人，正七品；侍櫛二十人，正八品；侍巾三十人，正九品。咸亨復舊。開元中，玄宗以后妃四星，一為後，有後而復置四妃，非典法，乃置惠妃、麗妃、華

妃，以代三夫人；又置六儀、美人、才人，增尚宮、尚儀、尚服三局。諸司諸典，自六品至九品而止。其後復置貴妃。[52]

除此之外，另置六尚各司，分管車馬服飾。

后宮之職，夫人掌佐皇后論婦禮於內，無所不統；美人掌率女官修祭祀、賓客之事；才人掌敘燕寢，理絲枲，以獻歲功。

唐制：太子之妾設良娣二人，正三品；良媛六人，正五品；承徽十人，正六品；昭訓十六人，正七品；奉儀二十四人，正九品。

3. 宮人

宮人，即宮官。在名分上，屬於皇帝的家婢。雖有高低貴賤之分，但同樣有機會接近皇帝而承受恩寵。唐代詩人溫庭筠（約812年—約866年）曾作〈湘宮人歌〉：「池塘芳草濕，夜半東風起。生綠畫羅屏，金壺貯春水。黃粉楚宮人，芳花玉刻鱗。娟娟照棋燭，不語兩含嚬。」[53]

宮官的基本體系是六尚局，即尚宮局、尚儀局、尚服局、尚食局、尚寢局、尚功局。其屬員及職掌大體如下：

尚宮局：尚宮二人，正五品。下設司記二人，正六品；典記二人，正七品；掌記二人，正八品；司言二人，正六品；典言二人，正七品；掌簿二人，正八品；司闈二人，正六品；典簿六人，正七品；掌簿二人，正八品。司闈六人，正六品；典闈六人，正七品；掌闈六人，正八品。「尚宮掌導引中宮，惣司記、司言、司簿、司闈四司之官屬。凡六尚事物出納文籍，皆印署之。」[54]其餘則由司記掌印。凡宮內諸司簿書出入錄目，審而付行焉。典記、掌記佐之。司言掌宣傳啟奏之事。司簿掌宮人名簿、廩賜之事。司闈掌宮闈管鑰之事。

尚儀局：尚儀二人，正五品。司籍二人，正六品；典籍二人，正七品；掌籍二人，正八品。司樂四人，正六品；典樂四人，正七品；掌樂四人，正八品。司賓二人，正六品；典賓二人，正七品；掌賓二人，正八

品。司贊二人，正六品；典贊二人，正七品；掌贊二人，正八品。彤史二人，正六品。「尚儀掌禮儀起居，惣司籍、司樂、司賓、司贊四司之官屬。」[55]司籍掌四部經籍教授、筆箚、幾案之事。司樂掌率樂人習樂、陳縣、拊擊、進退之事。司賓掌賓客朝見、宴會賞賜之事。司贊掌朝見、宴會贊相之事。

尚服局：尚服二人，正五品。司寶二人，正六品；典寶二人，正七品；掌寶二人，正八品。司衣二人，正六品；典衣二人，正七品；掌衣二人，正八品。司飾二人，正六品；典飾二人，正七品；掌飾二人，正八品。司仗二人，正六品；典仗二人，正七品；掌仗二人，正八品。「尚服掌供內服用采章之數」。「惣司寶、司衣、司飾、司仗四司之官屬。」[56]司寶掌琮寶、符契、圖籍。司衣掌衣服、首飾。司飾掌膏沐、巾櫛、玩弄器物之事。司仗掌羽儀仗衛之事。

尚食局：尚食二人，正五品。司膳四人，正六品；典膳四人，正七品，掌膳四人，正八品。司醞二人；正六品；典醞二人，正七品；掌醞二人，正八品。司藥二人，正六品；典藥二人，正七品；掌藥二人，正八品。司饎二人，正六品；典饎二人，正七品；掌饎二人，正八品。「尚食掌供膳羞品齊之數，惣司膳、司醞、司藥、司饎四司之官屬。凡進食，先嘗之。」[57]司膳掌割烹煎和之事。司醞掌酒醴酏飲之事。司藥掌醫方藥物之事。司饎掌給宮人廩餼、飲食、薪炭之事。

尚寢局：尚寢二人，正五品。司設二人，正六品，典設二人；正七品；掌設二人，正八品。司輿二人，正六品；典輿二人，正七品；掌輿二人，正八品。司苑二人，正六品；典苑二人，正七品；掌苑二人，正八品。司燈二人，正六品；典燈二人，正七品；掌燈二人，正八品。「尚寢掌燕寢進御之次敘，惣司設、司輿、司苑、司燈四司之官屬。」[58]司設掌帷帳、茵席，灑掃、張設之事。司輿掌輿輦、傘扇、羽儀之事。司苑掌園苑種殖蔬果之事。司燈掌燈燭膏火之事。

尚功局：尚功二人，正五品。司制二人，正六品；典制二人，正七

品；掌制二人，正八品。司珍二人，正六品；典珍二人，正七品；掌珍二人，正八品。司彩二人，正六品；典彩二人，正七品；掌彩二人，正八品。司計二人，正六品；典計二人，正七品；掌計二人，正八品。「**尚功掌女工之程課，總司制、司珍、司彩、司計四司之官屬。**」[59]司制掌衣服裁制縫線之事。司珍掌金玉寶貨之事。司彩掌彩物、繒錦、絲枲之事。司計掌支度衣服、飲食、薪炭之事。

六尚之外，又設宮正一人，正五品；司正二人，正六品；典正四人，正七品。「**宮正掌戒令、糾禁、謫罰之事。**」[60]

凡宮官中品高位顯者，外廷見之往往懼怕三分。儘管如此，畢竟被幽深宮，虛擲青春，其苦楚由此可見一斑。

（五）宗室分封

宗室分封乃家天下之產物。漢高祖曾斬白馬而誓：「**非劉氏而王，天下共擊之。**」[61]到了唐朝，宗室的分封之制仍在不停地反反復復。

1. 諸王等級

唐制：宗正寺設卿一人，從三品。宗正卿之職，「**掌皇九族、六親之屬籍，以別昭穆之序，紀親疏之列，並領崇玄署。**」[62]凡爵九等如下：

一曰王，食邑萬戶，正一品；二曰嗣王、郡王，食邑五千戶，從一品；三曰國公，食邑三千戶，從一品；四曰開國郡公，食邑二千戶，正二品；五曰開國縣公，食邑千五百戶，從二品；六曰開國縣侯，食邑千戶，從三品；七曰開國縣伯，食邑七百戶，正四品上；八曰開國縣子，食邑五百戶，正五品上；九曰開國縣男，食邑三百戶，從五品上。皇兄弟、皇子，皆封國為親王；皇太子子，為郡王；親王之子，承嫡者為嗣王，諸子為郡公，以恩進者封郡王；襲郡王、嗣王者，封國公。[63]

在這九等爵中，宗室之封自王始至開國郡公止。唐初，親王雖食邑萬戶，其「實封為八百戶」，每戶以三丁為限，其中的三分之一須輸入朝廷。高宗朝，王公的食封已經開始突破唐初的原額規定，則天時期，相王李旦實封已至三千戶。中宗朝，相王的實封增至五千戶。再到後來，相王的實封又增至七千戶。因而便引發了鳳閣侍郎、同平章事、參知政事韋嗣立的〈諸減濫食封邑疏〉。可惜沒被皇帝採納。至玄宗朝，才得以限制。

2. 公主封號

唐制：皇姑為大長公主，正一品；姊妹為長公主，女為公主，皆視一品；皇太子女為郡主，從一品；親王女為縣主，從二品。[64]

凡公主封號，有以郡而得名者，如高祖之襄陽公主、平陽公主、淮南公主、衡陽公主，太宗之襄城公主、長樂公主、臨川公主，高宗之高安公主，中宗之宜城公主；穆宗之淮陽公主；昭宗之新安公主等。有以國而得名者，如睿宗之代國公主、涼國公主、薛國公主、鄎國公主、霍國公主，玄宗之晉國公主、衛國公主、楚國公主、宋國公主、齊國公主，肅宗之宿國公主、蕭國公主、郯國公主、紀國公主、郜國公主，代宗之齊國昭懿公主、趙國莊懿公主；德宗之韓國貞穆公主、魏國憲穆公主、鄭國莊穆公主、燕國襄穆公主；順宗之梁國恭靖公主、虢國公主；憲宗之梁國惠康公主、鄭國溫儀公主；敬宗之寧國公主；宣宗之齊國恭懷公主；懿宗之衛國文懿公主；有以美豔而得名者，如高祖之丹陽公主、常樂公主；太宗之清河公主、蘭陵公主；高陽公主、新城公主；高宗之太平公主、中宗之永泰公主、安樂公主；睿宗之金仙公主、玉真公主；玄宗之真陽公主、昌樂公主、太華公主、壽安公主；肅宗之和政公主；代宗之永清公主、華陽公主、嘉豐公主；順宗之雲安公主；憲宗之永嘉公主、永安公主；穆宗之清源公主；文宗之光化公主；武宗之靜樂公主；昭宗之德清公主等。

舊制，公主食封三百戶，長公主六百戶。則天垂拱中，太平公主食封已達一千二百戶，至聖曆初，又加至三千戶。及中宗復位，再加至五千

戶。此時，中宗四女長寧公主的食封已達一千五百戶，而幼女安樂公主已達二千戶。後來，長寧加至二千五百戶，安樂加至三千戶。加上宣城、宜城及宣安三公主均已超封。

公主的實封逾制，也會帶來政治上的麻煩，進而造成社會的不安定。

（六）設官授勳

唐朝官吏制度基本上沿襲隋制。「其官司之別，曰省、曰台、曰寺、曰監、曰衛、曰府，各統其屬，以分職定位。其辨貴賤，敘勞能，則有品、有爵、有勳、有階，以時考核而升降之，所以任群材、治百事。」[65]對於其中一連串的官名，古稱「結銜」，在「結銜」中，既有實職，也有虛銜。

1. 設官定階

「品」，即品級。是區別職官的一種等級制度，後來逐漸發展成為官吏身份地位的一種標誌。唐朝流內的文職官員共分九品三十階。

「階」，即階官。是由品級派生出來的另一套等級制度。流內九品三十階如下：

正一品：職官有太師、太傅、太保、太尉、司徒、司空、天策上將。

從一品：職官有太子太師、太子太傅、太子太保；文散官有開府儀同三司；武散官有驃騎大將軍。

正二品：職官有尚書令（因李世民曾任此職，後來此職一直空置）、大行台尚書令。文散官有特進；武散官有輔國大將軍。

從二品：職官有尚書左右僕射、太子少師、太子少傅、太子少保、府牧（京兆、河南、太原等）、大都督（揚、幽、潞、陝、靈）、大都護（單於、安西）；文散官有光祿大夫；武散官有鎮軍大將軍。

正三品：職官有侍中、中書令、吏部尚書、門下侍郎、中書侍郎、左右衛、左右驍衛、左右武衛、左右威衛、左右領軍衛、左右金吾衛、左右監門衛、左右羽林軍、左右龍武、左右英武六軍大將軍、左右千牛衛大將軍、吏戶禮兵刑工六部尚書、太子賓客、太常卿、宗正卿、太子詹事、左右散騎常侍、內侍監、中都督、上都護；文散官有金紫光祿大夫；武散官有冠軍大將軍、懷化大將軍。

從三品：職官有御史大夫、秘書監、光祿、衛尉、太僕、大理、鴻臚、司農、太府卿、國子祭酒、殿中監、少府監、將作大匠、諸衛羽林將軍、千牛龍武將軍、下都督、上州刺史、府尹（京兆、河南、太原等）、五大大都督府長史、大都護府副都護、親王傅；文散官有銀青光祿大夫；武散官有雲麾將軍、歸德將軍。

正四品上：職官有門下侍郎、中書侍郎、尚書左丞、吏部侍郎、太常少卿、太子左庶子、太子少詹事、太子左右衛、左右司御、左右清道、左右內率、左右監門率府率、中州刺史、軍器監、上都護府副都護、上府折衝都尉；文散官有正議大夫；武散官有忠武將軍。

正四品下：職官有尚書右丞、尚書侍郎、太子右庶子、左右諭德、左右千牛衛、左右監門衛中郎將、親勳翊衛羽林中郎將、下州刺史；文散官有通議大夫；武散官有壯武將軍。

從四品上：職官有秘書少監、八寺少卿、太子左右衛、司御、清道、內率、監門副率、太子親勳翊、衛羽林中郎將、太子家令、太子率更令、太子僕、內侍、大都護府親王府長史；文散官有太中大夫；武散官有宣威將軍。

從四品下：職官有國子司業、少府少監、將作少匠、府少尹（京兆、河南、太原）、司馬（大都督府、大都護府、親王府）、上州別駕、中府折衝都尉；文散官有中大夫；武散官有明威將軍。

正五品上：職官有諫議大夫、御史中丞、國子博士、給事中、中書舍人、太子中允、太子左右贊善大夫、都水使者、縣令（萬年、長安、河

南、洛陽、太原、晉陽、奉先、會昌）、親勳翊衛羽林郎將、長史（中都督府、上都護府）、親王府諮議參軍事、軍器少監、太史少監、親王府典軍；文散官有中散大夫；武散官有定遠將軍。

正五品下：職官有太子中舍人、尚食尚藥奉御、太子親勳翊衛郎將、內常侍、司馬（中都督府、上護府）、中州別駕、下府折衝都尉；文散官有朝議大夫；武散官有寧遠將軍。

從五品上：職官有尚書左右司諸司郎中、秘書丞、著作郎、太子洗馬、殿中丞、尚衣尚舍尚乘尚輦奉御、陵令（獻陵、昭陵、恭陵、乾陵、定陵、建陵、橋陵、泰陵等八陵）、親王府副典軍、長史（下都督府、上州）、下州別駕；文散官有朝請大夫；武散官有遊騎將軍。

從五品下：職官有大理正、太常丞、太史令、內給事、太子典內、上牧監、司馬（下都督府、上州）、親王友、宮苑總監、上牧監、上府果毅都尉、駙馬都尉、奉車都尉；文散官有朝散大夫；武散官有遊擊將軍。

正六品上：職官有太學博士、太子詹事府丞、太子司議郎、太子舍人、中郡長史、太子典膳藥藏郎、親勳翊衛校尉、縣令（京兆、河南、太原府）、親王府掾屬、武庫中尚署令、諸衛左右司階、中府果毅都尉、司馬（鎮軍兵滿兩萬人者）、親勳翊衛校衛；文散官有朝議郎；武散官有昭武校尉。

正六品下：職官有千牛備身左右、太子文學、下州長史、中州司馬、內謁者監、中牧監、上牧副監、上鎮將；文散官有承議郎；武散官有昭武副尉。

從六品上：職官有起居郎、起居舍人、尚書諸司員外郎、八寺丞、大理司直、國子助教、城門符寶郎、通事舍人、秘書郎、著作佐郎、侍御醫、諸衛羽林長史、兩京市署令、下州司馬、親王文學、主簿、記室、錄事參軍、諸州上縣令、諸率府左右司階、司馬（鎮軍兵不滿兩萬人者）、左右監門校尉、親勳翊衛旅帥；文散官有奉議郎；武散官有振威校尉。

　　從六品下：職官有侍御史、丞（少府、將作、國子監）、太子內直典設宮門郎、太公廟令、司農寺諸園苑監、下牧監、宮苑總監副監、互市監、中牧副監、下府果毅都尉、親王府校；文散官有通直郎；武散官有振威副尉。

　　正七品上：職官有四門博士、詹事司直、左右千牛衛長史、尚食尚藥直長、太子左右衛司御清道率府長史、軍器監丞、諸州中縣令、京兆河南太原府司錄參軍、大都督大都護府錄事參軍事、親王府諸曹參軍、中鎮將、太子千牛、親勳翊衛隊正副隊正；文散官有朝請郎；武散官有致果校尉。

　　正七品下：職官有尚衣尚舍尚乘尚輦直長、太子通事舍人、內寺伯、京兆河南太原府大都督大都護府諸曹參軍、中都督上都護府錄事參軍事、諸倉諸冶司竹溫湯監、諸衛左右中候、上府別將、上轄長史、上鎮副、下鎮將、下牧副監；文散官有宣德郎；武散官有致果副尉。

　　從七品上：職官有殿中侍御史、左右補闕、太常博士、太學助教、門下省錄事、中書省主書、尚書省都事、九寺主簿、太子左右內率監門率府長史、太子侍醫、太子三侍丞、都水監丞、諸州中下縣令、親王府東西閣祭酒、京縣丞、下都督府上州錄事參軍、中都督上都護府諸曹參軍事、中府別將長史、中鎮副、左右監門直長、勳衛、太子親衛；文散官有朝散郎；武散官有翊麾校尉。

　　從七品下：職官有太史局丞、御史台少府將作國子監主簿、掖庭令、宮闈令、上署令、諸州下縣令、諸陵署丞、司農寺諸園苑副監、宮苑總監丞、下都督府諸曹參軍、公主家令、上州諸參軍事、下府別將長史、下鎮副、諸屯監、諸率府左右中候、鎮軍諸曹判司（鎮軍兵不滿兩萬人者）、太子左右監門直長、親王府旅帥、諸折衝府校尉；文散官有宣義郎；武散官有翊麾副尉。

　　正八品上：職官有監察御史、協律郎、諸衛羽林龍武軍錄事參軍事、中署令、中州錄事參軍事、大醫博士、太子典膳藥藏丞、軍器監主簿、武

庫署丞、兩京市署丞、上牧監丞、鎮軍不滿兩萬人者諸曹判司、翊衛、太子勳衛、親王府執仗執乘親事；文散官有給事郎；武散官有宣節校尉。

正八品下：職官有奚官內僕內府局令、下屬令、諸衛羽林龍武諸曹參軍事、中州諸司參軍事、親王府京兆河南太原府大都督大都護府參軍事、尚藥局司醫、京兆、河南、太原府諸縣丞、太子內直宮門丞、太公廟丞、諸宮農圃監、互市監丞、司竹副監、司農寺諸園苑監丞、靈台郎、諸衛左右司戈、上戍主、備身；文散官：征事郎；武散官有宣節副尉。

從八品上：職官有左右拾遺、太醫署針博士、四門助教、左右千牛衛錄事參軍、下州錄事參軍、諸州上縣丞、中牧監丞、京縣主簿、太子左右衛司御清道率府錄事參軍、中都督府上市門護府參軍、親王府行參軍、京兆河南太原大都督府博士、諸倉諸冶司竹溫湯監丞、保章正、太子翊衛諸府旅帥；文散官有承奉郎；武散官有禦侮校尉。

從八品下：職官有大理評事、律學博士、太醫署丞、醫監、太子左右春坊錄事、左右千牛衛諸曹參軍、內謁者、太子左右衛司御清道率府諸曹參軍、太子諸署令、掖庭宮闈局丞、太史都水監主簿、中書門下尚書都省兵部吏部考功禮部主事、上屬令、下都督府上州參軍事、中都督府上州博士、諸州中縣丞、諸王府典簽、京縣尉、親王國大司農、公主家丞、諸屯監丞、上關令、上府兵曹、上鎮倉曹兵曹參軍事、挈壺正、中戍主、上戍副、諸率府左右司戈、太子備身、親王府隊正；文散官有承務郎；武散官有禦侮副尉。

正九品上：職官有校書郎、太祝、太子左右內率監門府錄事參軍、太子內方典直、中丞署、典客署掌客、親勳翊衛府羽林兵曹參軍事、嶽瀆令、諸津令、下牧監丞、諸州中下縣丞、中郡博士、京兆河南太原府諸縣主簿、武庫署監事；文散官有儒林郎；武散官有仁勇校尉。

正九品下：職官有正字、太子校書、奚官內僕丞內府局丞、下署丞、上食局食醫、尚藥局醫佐、尚乘局奉乘司庫司廩、太史局司辰、典廄署主乘、太子左右內率監門率府諸曹參軍事、太子三寺主簿、詹事府錄事、親

勳翊衛府兵曹參軍事、諸州下縣丞、諸州上縣中縣主簿、中州參軍事、下州博士、京兆河南太原府諸縣尉、上牧監主簿、諸宮農圃監丞、中關令、中府兵曹、親王國尉、上關丞、諸衛左右執戟、中鎮兵曹參軍、下戍主、諸折衝府隊正；文散官有登仕郎；武散官有仁勇副尉。

　　從九品上：職官有尚書諸司御史台秘書省殿中省主事、奉禮郎、律學助教、太子正字、弘文館校書、大史局司曆、太醫署醫助教、京兆河南太原府九寺少府將作監錄事、都督都護府上州錄事市令、宮苑總監主簿、中牧監主簿、諸州中下縣主簿、上縣中縣尉、下府兵曹；文散官有文林郎；武散官有陪戎校尉。

　　從九品下：職官有內侍省主事、國子監親王府錄事、太子左右春坊主事、崇文舘校書、書學博士、算學博士、門下典儀、太醫署按摩咒禁博士、太卜署博士、太醫署針助教、太醫署醫正、太卜署卜正、太史局監候、親王國丞、掖庭局宮教博士、太子諸署丞、太子典食署丞、太官署監膳、太樂鼓吹署樂正、大理寺獄丞、下州參軍事、中州下州醫博士、諸州中縣下縣尉、京縣錄事、下牧監主簿、下關令、中關丞、諸衛羽林長上、公主邑司錄事、諸津丞、下鎮兵曹參軍、諸率府左右執戟、親王府隊副、諸折衝府隊副；文散官有將仕郎；武散官有陪戎副尉。

2. 封爵授勳

　　「爵」，即爵位。是授予貴族或高級官吏的一種等級制度。系王者之制祿爵。唐朝的爵位分為九等。

　　「勳」，即勳官。北周時用以獎勵作戰有功的士兵，後來漸及朝官。至唐遂為定制。勳官自上柱國至武騎尉共十二轉。受勳者即稱勳官。轉愈多，勳愈高。完全是一種榮譽性的稱號。與俸祿等實際利益無關。

　　正一品，爵號：親王；從一品，爵號：嗣王、郡王、國公。正二品，爵號：開國郡公；勳號：上柱國（十二轉）；從二品，爵號：開國縣公；勳號：柱國（十一轉）。正三品，勳號：上護軍（十轉）；從三品，爵

號：開國縣侯；勳號：護軍（九轉）。正四品上，爵號：開國縣伯；勳號：上輕車都尉（八轉）；從四品上，勳號：輕車都尉（七轉）。正五品上，爵號：開國縣子；勳號：上騎都尉（六轉）；從五品上，爵號：開國縣男勳號：騎都尉（五轉）。正六品上，勳號：驍騎尉（四轉）；從六品上，勳號：飛騎尉（三轉）。正七品上，勳號：雲騎尉（二轉）；從七品下，勳號：武騎尉（一轉）。

（七）朝儀制度

所謂「朝儀」，即指古代諸侯朝覲天子時的禮儀，由於品秩高低的不同，則禮儀各異。春秋戰國時期，由於禮壞樂崩，各諸侯國對朝儀多有增損，後來，有人便將群臣覲見君王稱作「朝」，把君王接見群臣稱作「會」。再後來，凡君臣相見統稱為「朝」，凡相見後君王的賜宴統稱為「會」。但無論屬於何種性質的「朝」和「會」，一般都要舉行一定規格的儀式。大致上可分為「常朝朝儀」和「大朝朝儀」。

1. 常朝朝儀

所謂「常朝朝儀」，即指朝廷設立相關禮儀以規範君臣的行止。古代帝王定期處理重要政務及接見來朝謝恩等行禮官員、外藩來朝使臣的儀式。有例行公事之意。又因皇帝登朝臨殿時間的不同，故有早朝、午朝和晚朝之分。又因覲見者的身份不同，常有皇太子朝、諸王朝、諸司朝及蕃屬來朝等形式。有的皇帝則根據朝政繁忙與否來決定常朝的日期，有的規定每月逢朔（初一日）、望（十五日）為常朝日，也有的規定每月逢五（初五日、十五日、二十五日）為常朝日。但也有皇帝不臨朝，或指派心腹代為處理軍國政務。

朝儀規定：凡職事在九品以上者，須每月的朔（初一日）、望（十五日）上朝參奏。又規定：凡五品以上有專門職掌的文武官員須每日上朝參拜；而三品以上的文武官員每月初九日、十五日、二十九日還須再次上朝

參奏。特殊情況如遇大雨大雪，文武官員可免參拜；凡家居喪事的文武官員均可免參。

　　還有一種情況：凡中書省及門下省的官員與文班供奉官員（如左右散騎常侍郎、中書侍郎、門下侍郎、諫議大夫、中書舍人、起居舍人、通事舍人等）須按自身品級高低，在皇宮正殿門外之北的臺階排序，俗稱「橫班」。而殿中省的監、少監、尚衣、尚輦及奉御要各隨傘、扇等儀仗分左、右整齊地排列在正殿之上，即御座的兩側。而武班的供奉官員須從宣政殿門前依次排列至正殿門外之北的臺階下。文武各班班序依次為：一品班、二品班、三品班、四品班、五品班。上朝時，須七人以上為一行，五品以下之官員，須按官階依次列位於正殿之南臺階下。

　　君臣相見之禮關乎國體，常朝朝儀的基本精神和核心內容就是尊君卑臣。

2. 大朝朝儀

　　大朝，指每逢歲首朝廷所舉行的「大朝會」，即百官朝見天子。大朝會始於西周，盛於漢唐，歷代承襲不衰。

　　「春見曰朝，夏見曰宗，秋見曰覲，冬見曰遇，時見曰會，殷見曰同。」[66]因諸侯、百官朝見天子的時辰是早晨，故曰「朝」。又因天子接見諸侯百官的政治目的就是「圖天下之事」，詢問地方的治理情況，謂之「圖考績」。在周朝，諸侯朝見天子亦稱「述職」。《孟子‧告子》載：「諸侯朝天子曰述職……一不朝，則貶其爵；二不朝，則削其地，三不朝，則六師移之。」由此可見，大朝會既是一種君臣禮制，也是君王對群臣的一種約束。

　　漢武帝改易正朔，以正月為歲首。「每歲首（正月），為大朝受賀。」[67]大朝會時，皇帝幸德陽殿臨軒受賀，公卿將相百官及地方各州郡長吏、諸少數族酋長、使臣均奉貢進表拜賀。《漢官典職儀式選用》列舉了參加大朝會的人員為「……公、卿、將、大夫、百官各陪〔位〕朝

賀。蠻、貊、胡、羌朝貢畢，見屬郡計吏，皆〔陛〕觀，……宗室諸劉〔親〕會，萬人以上。」[68]可見規格之高，規模之大。而這些官吏從全國各地趕赴長安參加一年一度的大朝會，近則需十天半月，遠則以數月計，由此而派生出來的便是一筆數額龐大的「差旅費」。

當時，地方州郡的朝貢之物皆按轄地人口計，每口每年63錢，名曰「獻費」。隋唐時期，則稱此制為「朝集」，漢朝的「上計吏」亦隨之更名為「朝集使」。

隋朝以冬至日為大朝會，唐遂為定制。其規模並不亞於元旦朝會。隋煬帝楊廣曾作〈冬至乾陽殿受朝〉，極力粉飾他所統治下的太平盛世景象：

> 北陸玄冬盛，南至晷漏長。端拱朝萬國，守文繼百王。至德慚日用，治道愧時康。新邑建嵩嶽，雙闕臨洛陽。圭景正八表，道路均四方。碧空霜華淨，朱庭皎日光。纓佩既濟濟，鐘鼓何鍠鍠。文戟翊高殿，采眊分修廊。元首乏明哲，股肱貴惟良。舟檝行有寄，庶此王化昌。

身處中華帝國鼎盛之際的唐太宗李世民臨朝受賀後，所作〈正日臨朝〉詩是何等的氣派何等的豪邁：

> 條風開獻節，灰律動初陽。百蠻奉遐贐，萬國朝未央。
> 雖無舜禹跡，幸欣天地康。車軌同八表，書文混四方。
> 赫奕儼冠蓋，紛綸盛服章。羽旄飛馳道，鐘鼓震岩廊。
> 組練輝霞色，霜戟耀朝光。晨宵懷至理，終愧撫遐荒。[69]

唐朝的大朝賀較為複雜，元旦、冬至之日，皇帝皇后首先要接受以皇太子為代表的宗室的朝賀，其次接受文武百官的朝賀，再次是少數民族首領及外國使者。朝賀結束後，將舉行群宴，以示慶賀。

大朝會除在元旦和冬至日舉行外，開元十七年八月初五日，玄宗在他

五十一歲生日時亦舉辦大朝會。史載：

> 八月癸亥（初五日），上以生日宴百官於花萼樓下，左丞相乾曜、右丞相說帥百官上表，請以每歲八月五日為千秋節，佈於天下，咸令宴樂。[70]

> 八月二十九日，上御花萼樓，以千秋節百官獻賀，賜四品已上金鏡、珠囊、縑彩，賜五品已下。
> 束帛有差。上賦八韻詩，又制〈秋景詩〉。[71]

> 玄宗嘗命教舞馬四百蹄，各為左右，分為部目，為某家寵，某家驕。時塞外亦有善馬來貢者，上俾之教習，無不曲盡其妙。因命衣以文繡，絡以金銀，飾其鬃鬣，間雜珠玉。其曲謂之〈傾杯樂〉者數十回，奮首鼓尾，縱橫應節。又施三層板床，乘馬而上，旋轉如飛。或命壯士舉一榻，馬舞於榻上，樂工數人立左右前後，皆衣淡黃衫，文玉帶，必求少年而姿貌美秀者。每千秋節，命舞於勤政樓下。[72]

（八）皇帝名號

「名號」，即位號。韓非子云：「夫立名號，所以為尊也。」即指皇帝生前的年號、尊號以及死後的廟號、諡號和陵號。

1. 年號

年號，是指中國歷代封建王朝用來紀年的一種名號。年號作為一種特有的紀年標識，西元前122年，漢武帝從郊外獵獲一隻獨角獸，始稱年號為「元狩」，並追建「元狩」之前年號自遠而近依次為「建元」、「元光」、「元朔」。

年號之制，無非就是「章述德美、昭著祥異，或弭災厭勝、計功

稱伐，或一號而不易，或一歲而屢改。其有矯時遵古，但紀歲曆者亦不遠。」[73]年號一般均為兩個字，但也有三字四字者，如梁武帝的「中大通」、「中大同」，漢光武帝的「建武中元」，北魏太武帝的「太平真君」，周武則天的「天冊萬歲」、「萬歲登封」、「萬歲通天」，宋徽宗的「建中靖國」，最多為六字者，如西夏景宗的「天授禮法延祚」和惠宗的「天賜禮盛國慶」。

年號作為中國古代皇帝的專有產物，更是中國中古歷史中的精神文化遺產。據文獻記載，歷代帝王除改朝換代必須更換年號外，一朝之內凡遇到「天降祥瑞」或內訌外憂，都要更改年號，即所謂「改元」，並大赦天下。在唐朝21帝中，改元少則一個，多則十多個。

隋皇泰元年五月二十日，「唐王（李淵）即皇帝位於太極殿，遣刑部尚書蕭造告天於南郊，大赦，改元。」[74]武德九年六月初四，秦王李世民率朝臣長孫無忌、將領尉遲恭等人發動「玄武門之變」，射殺太子李建成和齊王李元吉。八月初八，「太宗即皇帝位於東宮顯德殿，赦天下。」[75]

貞觀二十三年（649）「六月甲戌朔（初一日），高宗即位，赦天下。」[76]

永徽七年（656）正月「壬申（初七日），赦天下，改元（顯慶元年）。」[77]

顯慶六年（661）「二月，乙未（三十日）晦，改元（龍朔元年）。」[78]

龍朔三年（663）「十二月庚子（二十一日），詔改來年元（麟德元年）。」[79]

神龍元年（705），中宗李顯第二次即位，「春，正月壬午朔（初一日），赦天下，改元。」[80]二月初四日，中宗詔令恢復大唐國號。

神龍三年九月「庚子（初五日），赦天下，改元。」[81]

景龍四年六月初七，年僅十六歲的李重茂即位，是為少帝，尊韋皇

后為皇太后，立妃子陸氏為皇后。改元唐隆。半月後，李旦即位，是為睿宗，七月二十日，赦天下，改元（景雲元年）。」[82]

延和元年八月初三，李隆基即位，「甲辰（初七日），赦天下，改元（先天元年）。」[83]

延和二年（713）「十二月，庚寅（初一日），赦天下，改元（开元元年）。」[84]開元二十九年（742），「正月丁未朔，上御勤政樓受朝賀，赦天下，改元（天寶元年）。」[85]

天寶十五載六月乙未（十三日），玄宗奔蜀，丙申（十四日），行至馬嵬驛，發生兵變，後兵分兩路，太子李亨一路北上靈武（今寧夏靈武）。裴冕、杜鴻漸等五上箋表，「肅宗即位於靈武城南樓，群臣舞蹈，上流涕歔欷。尊玄宗為上皇天帝，赦天下，改元（至德元載）。」[86]

至德三載二月初五，「上（肅宗李亨）御明鳳門，赦天下，改元（乾元元年）。」[87]

代宗即位，改元「廣德」、「永泰」、「大曆」；德宗即位，改元「建中」、「興元」、「貞元」；順宗改元「永貞」；憲宗改元「元和」；穆宗改元「長慶」；敬宗改元「寶曆」；文宗改元「太和」、「開成」；武宗改元「會昌」；宣宗改元「大中」；懿宗改元「咸通」；僖宗改元「乾符」、「廣明」、「中和」、「光啟」、「文德」；昭宗改元「龍紀」、「大順」、「景福」、「乾寧」、「光化」，「天祐」；唐末哀帝李柷，即位時年僅十三歲，國將不國，吏將不吏，哀帝仍舊承襲昭宗年號「天祐」。

唐朝皇帝在位期間所使用的年號同其它朝代一樣，呈現繽紛各異之態：

用一個年號的有11位：即高祖武德（9年）、太宗貞觀（23年）、少帝唐隆（20天）、順宗永貞（1年）、憲宗元和（15年）、穆宗長慶（4年）、敬宗寶曆（2年）、武宗會昌（6年）、宣宗大中（13年）、懿宗咸

通（14年）、哀帝延用昭宗天祐（3年）；

用兩個年號的有1位：即文宗（太和9年，開成5年）；

用三個年號的有4位：即中宗（嗣聖1年，神龍2年，景龍3年，兩度登基）、玄宗（先天1年，開元29年，天寶14年）、代宗（廣德2年，永泰1年，大曆14年）、德宗（建中4年，興元1年，貞元20年）。

用四個年號的有3位：即睿宗（文明1年，景雲2年，太極1年，延和1年，兩度登基）、肅宗（至德2年，乾元2年，上元2年，寶應1年），及大周武則天（光宅1年，垂拱4年，永昌1年，載初1年）。

用五個年號的有1位：即僖宗（乾符6年，廣明1年，中和4年，光啟3年，文德1年）。

用六個年號的有1位：即昭宗（龍紀1年，大順2年，景福2年，乾寧4年，光化3年，天祐1年）。

高宗李治在位三十四年半，使用的年號多達14個有永徽（6年）、顯慶（5年）、龍朔（3年）、麟德（2年）、乾封（2年）、總章（2年）、咸亨（4年）、上元（2年）、儀鳳（3年）、調露（1年）、永隆（1年）、開耀（1年）、永淳（1年）、弘道（1年）等。創大唐皇帝在位使用年號之最。

年號定名除選用一些寓意吉祥美好的字眼外，有些衰微之世為取紹聖中興之意，往往截取以往盛世年號裡的字而合成新的年號。如德宗取太宗「貞觀」之「貞」與玄宗「開元」之「元」，合定「貞元」新號。

在唐朝，年號又因規避皇朝諱而有異辭，如中宗諱顯、玄宗諱隆基，睿宗諱旦等等，唐人追稱高宗「顯慶」年號多云「明慶」，「永隆」年號多云「永崇」，這對後世鑒定古物、版本均有借助。

如果年號擬定後感到有問題時，亦可棄而不用，如高宗曾擬用「通乾」，後因其反義乃「天窮」而停用。

年號除用來紀年外，還有將其鑄在錢幣上用以表明政權。錢幣在唐代始有「通寶」。唐初沿用隋五銖，輕小淆雜。唐武德四年（621）廢隋錢，效仿西漢五銖規範開鑄「開元通寶」，最初的「開元通寶」由書法家歐陽詢題寫，文字莊重、雋秀、挺拔，時稱其工。形制仍沿用秦方孔圓錢，規定每十文重一兩，每一文的重量稱為一錢，而一千文則重六斤四兩。而錢載年號是從宋孝武帝孝建初鑄四銖錢、文曰孝建開始。「沈氏曰：錢載年號始於此。一邊為四銖。其後稍去四銖，專為孝建。廢帝景和二年，鑄二銖錢，文曰景和。魏孝文帝太和十九年，更鑄錢，文曰太和五銖。孝莊帝永安二年，更鑄永安五銖。此非永世流通之術，而高道穆乃以為，論今據古，宜載年號。何其愚也！」[88]

2. 尊號

尊號是指為尊崇帝后為之所上之稱號，表示崇敬褒美之意。始於秦，興於漢。「臣（王綰、李斯）等謹與博士議曰：『古有天皇、地皇，有泰皇，泰皇最貴』。臣等昧死上尊號，王為泰皇。」[89]「大王功德之著，於後世不宣，昧死再拜上皇帝尊號。」[90]

在古代典禮中，凡遇皇帝登基，要給自己的生母、嫡母及祖母授予正式的稱號，即尊號，如皇太后、皇太妃、太皇太后等。

到了唐代，給在位的皇帝上尊號卻成為宮廷政治制度上的大禮，同時也是臣下尊君的一種時尚。尊號是臣下所上，而且可以上好幾次，多為阿諛奉承之詞。為皇帝上尊號需要舉行相關的儀式和慶典。

有的皇帝在駕崩若干年後仍被奉上尊號。如玄宗於開元二十七年（739）受尊號「開元聖文神武皇帝」，在高祖駕崩七十餘年後，玄宗天寶十三載（754）被上尊號「神堯大聖大光孝皇帝」。

一般情況下，皇帝的尊號是根據皇帝所使用的年號而變的。如玄宗在天寶年間尊號為「聖賜靈府天寶皇帝」，「安史之亂」後退位為太上皇時的尊號為「太上至道聖皇天帝」，同時，玄宗還為其子肅宗上尊號「光天

文武大聖孝感皇帝」。又如，高祖皇后竇氏，崩於涿郡，時年四十五歲，初葬壽安陵，後祔葬獻陵。上元元年八月十五日），改上尊號曰「太穆順聖皇后」。

太宗皇后長孫氏，貞觀十年六月二十一日崩於立政殿，時年三十六歲，同年十一月，安厝九嵕山昭陵。上元元年八月壬辰，改上尊號曰「文德聖皇后」。

皇帝的稱號有三種：尊號、諡號、廟號。根據北宋司馬光〈請不受尊號箚子〉載，從唐朝起，皇帝有尊號。唐之前，天子尊稱皇帝，嗣位皇帝尊稱前帝為太上皇，前皇后為皇太后、太皇太后。

尊號有生前奉上者，亦有死後追奉者。而生前加尊號又有兩種情況：一是加於在位之時。如稱武后為「聖母神皇」，稱高宗為「天皇」，稱中宗為「應天神龍皇帝」等。到玄宗時，遂為制度。宋范祖禹《唐鑑》云：「尊號之興，蓋本於開元之際。主驕臣諛，遂以為故事。」明王三聘《古今事物考》云：「元（玄）宗開元以後，宰相率百官上尊號，以為常制。」

生前尊號，玄宗先後曾加六次：先天二年（713）加「開元聖文神武皇帝」；天寶元年（742）加「開元天寶聖文神武皇帝」；再加「開元天寶聖文神武皇帝」。天寶七載（748）加「開元天寶聖文神武應道皇帝」；天寶八載（749）再加「開元天地大寶聖文神武應道皇帝」；天寶十二載（753）復加「開元天地大寶聖文神武孝德證道皇帝」。由最初的四字逐漸加至十四字。此外，如果皇帝遜位後，即使被稱為太上皇，再由繼位皇帝為之加尊號，如乾元元年（758），肅宗上玄宗「太上至道聖皇天帝」便是。

唐代皇帝多次加尊號，「臣子之心，務崇美號，雖或增盈百，猶恐稱述未周。」[91]宋孫甫〈開元神武皇帝尊號〉云：

古天子之稱，曰皇、曰帝王，蓋稱其德也。秦不顧德之所稱，但

> 自務尊極，故稱皇帝，然亦未有尊號也……高祖、太宗，各有功
> 德，俱無尊號。高宗徇武后之意，始稱天皇，中宗從韋庶人之
> 欲，乃號應天……是妄自尊大……明皇以賢繼位，祖宗善惡之
> 事，聞見固熟，何故忘高祖、太宗之實德，襲高宗、中宗之虛
> 名。蓋臣下詔諛，不守經義，逢君之過而然也。

死後加號者，如上元二年（675）為玄宗上尊號「至道大聖大明孝皇帝」。尊號多有數次追加。如高祖駕崩後，先由群臣上尊號「大武皇帝」；高宗上元元年（674）又改上尊號「神堯皇帝」；玄宗天寶十三載（754）三上尊號「神堯大聖大光孝皇帝」。又如太宗於貞觀二十三年（649年）駕崩，百官上尊號「文皇帝」；高宗上元元年（674），又上尊號「文武聖皇帝」，玄宗天寶十三載（754），三上尊號「文武大聖大廣孝皇帝」。

唐代以降，帝后尊號字數有增無減。宣宗時，其尊號為十八字：「元聖至明成武獻文睿智章仁神聰懿道大孝皇帝」。

> 天時人事，理必相扶，人既好謙，天亦助順。陛下誠能斷自宸
> 鑒，渙發德音，引咎降名，深自克責，惟謙與順，一舉而二美從
> 之。外可以收物情，內可以應元運，上可以高德於夐古，下可以
> 垂法於無窮。興廢典，矯舊失，至明也；損虛飾，收美利，大智
> 也。[92]

尊號乃帝后禁臠，他人不得染指；而諡號不為帝后所獨享，其餘人等亦可得之；而就帝后而言，於在世時所加者屬於尊號，而崩後所加者，則以諡號視之。

3. 廟號

廟號是皇帝駕崩後於太廟中被供奉祭祀時所稱呼的名號。起源於重視祭祀與敬拜的商朝。最初並不是所有君王都有廟號，一般君王死後會建築

專屬的家廟祭祀，但在幾代之後就必須毀去原廟，而於太廟合併祭祀。合於太廟祭祀稱之為「祧」，如果每個君王的廟都留下，數代之後為數眾多的家廟會有祭祀上的困難。而對國家有大功、值得子孫永世祭祀的先王，就會特別追上廟號，以視永遠立廟祭祀之意。

另外，由於後世皇帝諡號字數膨脹，且幾乎只要是後人接位的皇帝子孫都會給父祖上美諡，故諡號實際上無法顯示皇帝評價，廟號反而取代了諡號起到蓋棺論定的功用。

需要注意的是，有的君主死後，會有多個廟號，廟號並不唯一，這是追尊、改諡等原因造成的。

唐顏真卿（709年—784年8月23日）〈論元皇帝祧遷狀〉：「昔漢朝廷近古，不敢以私滅公，故前漢十二帝，為祖、宗者四而已。至後漢漸違經意，子孫以推美為先，自光武以下，皆有廟號，則祖、宗之名，莫不建也。」

4. 諡號

所謂「諡號」，就是用一兩個字對死者的一生做一個概括性的評價，即蓋棺定論。夏商時代沒有諡號，稱「王」多用天干地支，如太甲、孔甲、盤庚、帝辛等。

據文獻記載，諡號起始於西周中葉稍後，傳為周公所制：

> 惟周公旦、太公望開嗣王業，建功於牧野，終將葬，乃制諡，遂敘諡法。諡者，行之跡；號者，功之表。古者有大功，則賜之善號以為稱也。車服者，位之章也。是以大行受大名，細行受細名。行出於己，名生於人。名謂號諡。[93]

從周文王開始，乃至武王、懿王，王號均自稱。自孝王之後，方有諡法。但後代仍有自立王號者，如在春秋時，楚君熊通就自立為武王。如果天子或諸侯死後，諡號則由卿大夫議定。

　　諡法在興起之初，只有「美諡」、「平諡」，而沒有「惡諡」。諡號的善惡，是在周召共和時產生的，即周厲王因為暴政「防民之口甚於防川」等，故被諡為「厲」。春秋時代，諡法逐漸制度化，明顯地出現了所謂的「子議父，臣議君」。到了秦朝，秦始皇為了不讓後人議論自己，故廢而不用。漢朝以孝治天下，所有皇帝的諡號都有一個「孝」字，如孝惠帝、孝文帝、孝景帝等等一直到孝獻帝。魏晉南北朝時期，由於社會極具動盪，諡法也逐漸向平民化發展。

　　到了隋唐時期，諡法發展到了空前的極致。賜諡要取決於「聖裁」。凡駕崩皇帝諡號皆由禮官議上，在得到繼位皇帝認可後方可頒佈天下，而臣子的諡號依然由朝廷賜予。

> 陛下宜奉天心，繼先太宗之志，使子孫蒙其法，而萬代守之，此天下之能事也。臣愚以為高祖以下累聖諡號，悉宜取初諡為定。謹按舊制，宜上高祖為武皇帝，太宗為文皇帝，高宗為天皇大帝，中宗為孝和皇帝，睿宗為聖真皇帝。其二聖諡名，字數太廣，有逾古制，臣愚請擇其美稱而正之。謹按諡法，秉德不回曰孝，照臨四方曰明，宜上元宗為孝明皇帝。又按諡法，聖善周聞曰宣，宜上肅宗為孝宣皇帝。仍准漢魏及國朝故事，於尚書省議定奏御。夫文敝則救之以質，至敬也；名惑而反之於正，至明也；祖作之而孫述之，至孝也。三者備矣，然後能立天下之大本，正天下之大名，建天下之大業，能事畢矣。伏惟皇帝陛下詳擇。[94]

　　上諡，即表揚類的諡號，如：「文」，表示具有「經緯天地」的才能，或「道德博厚」、「勤學好問」的品德；「康」表示，有「安樂撫民」的胸懷；「平」，表示「布綱治紀」等。

　　中諡，多為同情類的諡號，如：「湣」，表示「在國遭憂」、「在國逢難」；「懷」，表示「慈仁短折」等。

下謚，即批評類的謚號，如：「煬」，表示「好內遠禮」；「厲」，表示「暴慢無親」、「殺戮無辜」；「荒」，表示「好樂怠政」、「外內從亂」；「幽」，表示「壅遏不通」；「靈」，表示「亂而不損」等。

除此之外，尚有私謚。其始於西周，盛於漢唐。士大夫死後，由其門生親故根據謚法為之立謚。

在中國古代，對皇帝的稱呼往往是與年號、謚號及廟號聯繫在一起的。皇帝的謚號，隋朝之前均為一字或二字，如西漢皇帝劉盈謚「惠」帝、劉恆謚「文」帝、劉啟謚「景」帝，東漢皇帝劉秀謚「光武」帝等即是。從唐朝開始，皇帝的謚號字數逐漸增加，如天寶十三載（754）二月初七日，玄宗祭祀太廟，「**上高祖謚號曰神堯大聖大光孝皇帝，太宗謚曰文武大聖大廣孝皇帝，高宗謚曰天皇大聖大弘孝皇帝，中宗謚曰孝和大聖大昭孝皇帝，睿宗謚曰玄真大聖大興孝皇帝，以漢家諸帝皆謚孝故也。**」[95]就連武則天都被謚曰「大聖則天皇后」，天寶八載（749），加謚則天「順聖皇后」；玄宗謚曰「至道大聖大明孝皇帝」；肅宗謚曰「文明武德大聖大宣孝皇帝」；代宗謚曰「睿文孝武皇帝」；德宗謚曰「神武孝文皇帝」；順宗謚曰「至德大聖大安孝皇帝」；憲宗謚曰「昭文章武大聖至神孝皇帝」；穆宗謚曰「睿聖文惠孝皇帝」；敬宗謚曰「睿武昭湣孝皇帝」；文宗謚曰「元聖昭獻孝皇帝」；武宗謚曰「至道昭肅孝皇帝」；宣宗謚曰「聖武獻文孝皇帝」；懿宗謚曰「昭聖恭惠孝皇帝」；僖宗謚曰「惠聖恭定孝皇帝」；昭宗謚曰「聖穆景文孝皇帝」；哀帝謚曰「昭宣光烈孝皇帝」。

皇帝生前疊加諡詞即自己定謚的先例始於武則天。其實質由客觀評判變成了一味溢美，字數的增加是溢美程度的發展。

為了充分體現皇帝「**悼往推恩，旌椒蘭之懿行，傳美名於千古**」，也給皇后謚號，但要求必須在封建倫理道德的規範下褒善溢美、極盡譽詞。

命謚有著特定的用字規範，既不可對立謚之字隨意亂用，也不可任意

解釋。如：莊、武、文、宣、襄、明、睿、康、景、懿等作為具有褒揚之意的上諡；如：懷、悼、哀、閔、殤等作為具有憐惜之意的平諡；惡諡則具有貶抑之意，如：厲、靈、煬等。

　　而《逸周書》中的〈諡法解〉當屬歷代給諡之範本：

> 民無能名曰神。稱善賦簡曰聖，敬賓厚禮曰聖。德象天地曰帝。靜民則法曰皇。仁義所在曰王。賞慶刑威曰君，從之成群曰君。立制及眾曰公。執應八方曰侯。壹德不解曰簡。平易不疵曰簡。經緯天地曰文，道德博聞曰文，學勤好問曰文，慈惠愛民曰文，湣民惠禮曰文。錫民爵位曰文。剛強理直曰武，威強澼德曰武，克定禍亂曰武，刑民克服曰武，誇志多窮曰武。敬事供上曰恭，尊賢貴義曰恭，尊賢敬讓曰恭，既過能改曰恭，執事堅固曰恭，愛民長弟曰恭，執禮御賓曰恭，芘親之闕曰恭，尊賢讓善曰恭，淵源流通曰恭。照臨四方曰明，譖訴不行曰明。威儀悉備曰欽。大慮靜民曰定，安民大慮曰定，安民法古曰定，純行不二曰定。諫爭不威曰德。辟地有德曰襄，甲胄有勞曰襄。有伐而還曰厘，質淵受諫曰厘。博聞多能曰憲。聰明睿哲曰獻。溫柔聖善曰懿。五宗安之曰孝，慈惠愛親曰孝，協時肇享曰孝，秉德不回曰孝。大慮行節曰考。執心克莊曰齊，資輔供就曰齊。豐年好樂曰康，安樂撫民曰康，令民安樂曰康。安民立政曰成。佈德執以曰穆，中情見貌曰穆。敏以敬順曰頃。昭德有勞曰昭，容儀恭美曰昭，聖聞周達曰昭。保民者艾曰胡，彌年壽考曰胡。強毅果敢曰剛，追補前過曰剛。柔德考眾曰靜，恭己鮮言曰靜，寬樂令終曰靜。治而無眚曰平，執事有制曰平，布綱治紀曰平。由義而濟曰景，佈義行剛曰景，耆意大慮曰景。清白守節曰貞，大慮克就曰貞，不隱無屈曰貞。猛以剛果曰威，猛以強果曰威，強毅信正曰威。辟土服遠曰桓，克敬勤民曰桓，辟土兼國曰桓。道德純一曰思，大省兆民曰思，外內思索曰思。追補前過曰思。柔質慈民曰惠，

愛民好與曰惠。柔質受諫曰慧。能思辯眾曰元，行義說民曰元，
始建國都曰元，主義行德曰元。兵甲亟作曰莊，睿圉克服曰莊，
勝敵志強曰莊，死於原野曰莊，屢征殺伐曰莊，武而不遂曰莊。
克殺秉政曰夷，安心好靜曰夷。執義揚善曰懷，慈仁短折曰懷。
夙夜警戒曰敬，夙夜恭事曰敬，象方益平曰敬，善合法典曰敬。
述義不克曰丁，迷而不悌曰丁。有功安民曰烈，秉德遵業曰烈。
剛克為伐曰翼，思慮深遠曰翼。剛德克就曰肅，執心決斷曰肅。
愛民好治曰戴，典禮不愆曰戴。死而志成曰靈，亂而不損曰靈，
極知鬼神曰靈，不勤成名曰靈，死見神能曰靈，好祭鬼神曰靈。
短折不成曰殤，未家短折曰殤。不顯屍國曰隱，隱拂不成曰隱。
年中早夭曰悼，肆行勞祀曰悼，恐懼從處曰悼。不思忘愛曰剌，
愎狠遂過曰剌。外內從亂曰荒，好樂怠政曰荒。在國逢難曰湣，
使民折傷曰湣，在國連憂曰湣，禍亂方作曰湣。早孤短折曰哀，
恭仁短折曰哀。早孤鋪位曰幽，雍遏不通曰幽，動祭亂常曰幽。
克威捷行曰魏，克威惠禮曰魏。去禮遠眾曰煬，好內遠禮曰煬，
好內怠政曰煬。甄心動懼曰頃。威德剛武曰圉。聖善周聞曰宣。
治民克盡曰使。行見中外曰愨。勝敵壯志曰勇。昭功寧民曰商。
狀古述今曰譽。心能制義曰度，好和不爭曰安。外內貞複曰白。
不生其國曰聲。殺戮無辜曰厲。官人應實曰知。凶年無穀曰糠。
名實不爽曰質。不悔前過曰戾。溫良好樂曰良。怙威肆行曰醜。
德正應和曰莫。勤施無私曰類。好變動民曰躁。慈和便服曰順。
滿志多窮曰感。危身奉上曰忠。果慮果遠曰趐。息政外交曰攜。
疏遠繼位曰紹。彰義掩過曰堅。肇敏行成曰直。內外賓服曰正。
華言無實曰誇。教誨不倦曰長。愛民在刑曰克。嗇於賜與曰愛，
逆天虐民曰抗。好廉自克曰節。擇善而從曰比。好更改舊曰易。
名與實爽曰繆。思厚不爽曰願。貞心大度曰匡。

在唐朝，朝廷給臣子的賜諡有褒有貶。如魏徵，太宗朝良吏，凌煙閣
開國二十四功臣之一，貞觀十七年正月十七日，病逝於府第，時年六十四

歲。「太宗親臨慟哭，廢朝五日，贈司空、相州都督，諡曰文貞，給羽葆鼓吹、班劍四十人，賻絹布千段、米粟千石，陪葬昭陵。」[96]《逸周書‧諡法解》曰：「文」即「經緯天地」、「道德博聞」、「慈惠愛民」、「愍民惠禮」；「貞」即「清白守節」、「大慮克就」、「不隱無屈」。如房玄齡，太宗朝名相，貞觀二十二年（648）七月，年屆七十的房玄齡與世長辭，太宗「廢朝三日，冊贈太尉、並州都督，諡曰文昭，給東園秘器，陪葬昭陵。」[97]《逸周書‧諡法解》曰：「昭」即「容儀恭美」、「昭德有勞」、「聖聞周達」。如盧懷慎，玄宗朝名相。開元四年（716）秋病卒，「贈荊州大都督，諡曰文成。」[98]《逸周書‧諡法解》曰：「成」即「安民立政」。如陸贄，德宗朝名相。貞元二十一年（805）三月，即位逾兩月的順宗詔令陸贄從貶地忠州（治今重慶市忠縣）還朝，遺憾的是，當使者送達的詔書還在途中，陸贄卻已病故，時年五十二歲，葬忠州翠屏山。「贈兵部尚書，諡曰宣。」[99]《逸周書‧諡法解》曰：「宣」即「聖善周聞」。如蕭瑀，太宗朝名相，凌煙閣開國二十四功臣之一。貞觀二十一年六月二十日，年已七十四歲的蕭瑀病逝於玉華宮（今陝西銅川玉華鎮），「太宗聞而輟膳，高宗（時為太子）為之舉哀，遣使弔祭。太常諡曰『肅』。太宗曰：『易名之典，必考其行。瑀性多猜貳，此諡失於不直，更宜撝實。』改諡曰貞褊公。冊贈司空、荊州都督，賜東園秘器，陪葬昭陵。」[100]而「褊」本意為衣服狹小，引申為心胸狹小、狹隘。

5. 陵號

　　陵號，即歷代已故帝王及其后妃所葬陵墓的稱號，如漢武帝的茂陵，唐太宗的昭陵，唐高宗的乾陵等。陵號有時也用來指代過世皇帝，一般用於本朝。

　　陵號最早產生於戰國時期，如趙肅侯十五年（前335）在恒山建造的陵墓，號壽陵，秦朝帝王沒有陵號，漢朝以後陵號得到了普及。

帝王身後，一般要立三號：諡號、廟號、陵號。《廿五史》中，諸代帝王本紀，都有其身後對大行皇帝的諡號、廟號及所葬陵號的記錄。一般來說，諡號並非君王獨有，上了秩品的公卿及入品的夫人都有，但皇帝的諡號裡一定有「皇帝」二字。廟號、陵號則為皇帝專有，這是皇家的祖先祭祀和葬儀。亡國之君，在新朝淪落為臣，所以廟號、陵號皆無。即便有諡號，也只是臣子的諡號。公卿大臣也有入太廟祭祀，陪葬皇陵的，但都是陪祀、陪葬，沒有獨立的廟號和陵號。

（九）結語

在封建君主「家天下」的專制社會，皇帝制度的基本特徵就是皇帝獨尊，皇權至上，皇位世襲。皇帝制度本身就是一個非常「禮制」的話題。寬泛、繁複。如敕撰〈開元禮〉，蕭嵩、王仲丘等取貞觀、顯慶禮書，折衷異同，以為定制。全書分五禮凡二百二十六目一百五十卷一百五十二儀，其中：吉禮其儀五十五，嘉禮其儀五十，賓禮其儀六，軍禮其儀二十三，凶禮其儀十八。所述禮儀以皇帝為中心的國家典禮儀制，兼及地方政府祭儀及官僚家庭的吉凶之儀。史籍《通典》中的〈禮典〉及《新唐書》中的〈禮樂志〉皆以此為藍本。

除本文所涉內容外，尚有：

1. 祭祀與謁陵，包括七廟之制、祭祀、謁陵、公卿巡陵。

2. 宮苑規制，包括兩京佈局、宮室規模及園苑格局。

3. 軍制軍禮軍法，包括府兵、彍騎、親征、講武、遣將、勞軍、田狩、觀射、受降、奏凱、獻俘。

4. 宮室禮儀，包括儀仗、服飾、乘輿、居處。

5. 宴會遊藝，包括宮廷宴、君臣宴、雅樂、燕樂。

6、巡幸與視學。

7、皇帝、皇后、皇太子的輿服、鹵簿、膳食。

8、后妃的冠冕服飾、髮式及面妝；等等。

另外，財政方面如戶籍、田制、賦稅、徭役、征榷、土供、和市、倉廩及貨幣等亦屬帝制之列。因受篇幅限制，此不詳述。

注釋：

[1]漢・司馬遷撰，《史記》卷六，〈秦始皇本紀〉，北京：中華書局，
　　1959年，第236頁。

[2]唐・長孫無忌撰，〈進五經正義表〉，清・董誥等，《全唐文》卷
　　一三六，上海：上海古籍出版社，1990年，第604頁。

[3]北宋・王若欽等，《冊府元龜》卷二五六，〈儲宮部・總序〉，北京：
　　中華書局影印，1960年，第3049頁。

[4]後晉，劉昫等撰，《舊唐書》卷六十四，〈高祖二十二子〉，北京：中
　　華書局，1975年，第2414頁。

[5]《冊府元龜》卷二五六，〈儲宮部〉，第3049頁。

[6]唐・杜佑撰，《通典》卷一二五，〈禮八十五・嘉禮四・臨軒冊命皇太
　　子・皇太子會羣臣〉，北京：中華書局，1988年，第3205頁。

[7]《通典》卷三十，〈職官十二・東宮官〉，第817頁。

[8][9][10]唐・李林甫等撰，陳仲夫點校，《唐六典》卷二十六，〈太子三
　　師三少詹事府左右春坊內官〉，北京：中華書局，1992年，第661頁。

[11]《唐六典》卷二十六，〈太子三師三少詹事府左右春坊內官〉，第662頁。

[12][13]《唐六典》卷二十六，〈太子三師三少詹事府左右春坊內官〉，第
　　663頁。

[14]《唐六典》卷二十六，〈太子三師三少詹事府左右春坊內官〉，第664頁。

[15][16][17]《唐六典》卷二十六，〈太子三師三少詹事府左右春坊內
　　官〉，第665頁。

[18]《唐六典》卷二十六，〈太子三師三少詹事府左右春坊內官〉，第666頁。

[19][20][21]《唐六典》卷二十六，〈太子三師三少詹事府左右春坊內
　　官〉，第667頁。

[22][23][24]《唐六典》卷二十六，〈太子三師三少詹事府左右春坊內官〉，第669—670頁。

[25][26]《唐六典》卷二十六，〈太子三師三少詹事府左右春坊內官〉，第671頁。

[27][28]《唐六典》卷二十六，〈太子三師三少詹事府左右春坊內官〉，第672頁。

[29]《唐六典》卷二十六，〈太子三師三少詹事府左右春坊內官〉，第673—674頁。

[30]《唐六典》卷二十七，〈家令率更僕寺〉，第697頁。

[31]《唐六典》卷二十七，〈家令率更僕寺〉，第700頁。

[32]《唐六典》卷二十七，〈家令率更僕寺〉，第702頁。

[33]《唐六典》卷二十八，〈太子左右衛及諸率府〉，第716頁。

[34][35]《唐六典》卷二十八，〈太子左右衛及諸率府〉，第717—718頁。

[36]《唐六典》卷二十八，〈太子左右衛及諸率府〉，第719頁。

[37]《唐六典》卷二十八，〈太子左右衛及諸率府〉，第720頁。

[38]徐元浩撰，王樹民、沈長雲點校，《國語集解·晉語一第七》「十七年冬，公使太子伐東山」條，北京：中華書局，2002年，第267頁。

[39]《史記》卷三十九，〈晉世家〉「十七年，晉侯使太子申生伐東山」條。第1643頁。

[40]元·馬端臨撰，《文獻通考》卷八十九，〈郊社考·二二〉，北京：中華書局，1986年，第811頁。

[41][76]宋·司馬光編著，《資治通鑒》卷一九九，唐太宗貞觀二十三年六月條，北京：中華書局，2009年，第8276頁。

[42]《舊唐書》卷五，〈高宗本紀下〉，第112頁。

[43]《資治通鑒》卷二二二，唐代宗寶應元年第12條，第9334頁。

[44]《舊唐書》卷二十〈哀帝本紀〉，第785頁。

[45]《資治通鑒》卷二六五，唐昭宗天祐元年第6條，第11304頁。

[46]東漢‧班固撰，《漢書》卷一，〈高帝紀下〉注，北京：中華書局，
　　1964年，第53頁。

[47]《新唐書》卷二十四，〈車服志〉，北京：中華書局，1975年，第524頁。

[48]崔高維校點，《周禮‧天官塚宰第一》，瀋陽：遼寧教育出版社，2000
　　年，第15頁。

[49]清‧洪亮吉撰，李解民點校，《春秋左傳詁》卷十五，〈昭公一〉，北
　　京：中華書局，1987年，第643頁。

[50]《漢書》卷九十七上，〈外戚傳上〉，第3936—3937頁。

[51]唐‧魏徵等撰，《隋書》卷三十六，〈后妃〉，北京：中華書局，1973
　　年，第1106頁。

[52]《新唐書》卷四十七，〈百官志二〉，第1225頁。

[53]清‧彭定求等，《全唐詩》卷五七五，北京：中華書局，1999年，第6751頁。

[54]《唐六典》卷十二，〈內官宮官內侍省〉，第349頁。

[55]《唐六典》卷十二，〈內官宮官內侍省〉，第349頁—350頁。

[56]《唐六典》卷十二，〈內官宮官內侍省〉，第351頁。

[57]《唐六典》卷十二，〈內官宮官內侍省〉，第353頁。

[58][59]《唐六典》卷十二，〈內官宮官內侍省〉，第354頁。

[60]《唐六典》卷十二，〈內官宮官內侍省〉，第355頁。

[61]《史記》卷九，〈呂太后本紀〉。第400頁。

[62]《唐六典》卷十二，〈內官宮官內侍省〉，第465頁。

[63][64][65]《新唐書》卷四十六,〈百官志一〉,第1181—1188頁。

[66]崔高維點校,《周禮·春官宗伯第三》,瀋陽:遼寧教育出版社,2000
　　年,第42頁。

[67]宋·范曄撰,唐·李賢等注,《後漢書》,志第五,〈禮儀中〉,北
　　京:中華書局,1965年,第3130頁。

[68]《後漢書》,志第五,〈禮儀中·朝會〉注四,第3131頁。

[69]《全唐詩》卷一,太宗皇帝,第3頁。

[70]《資治通鑑》卷二一三,唐玄宗開元十七年第9條,第8952頁。

[71]《舊唐書》卷八上,〈玄宗本紀〉,第195頁。

[72]唐·鄭處誨,《明皇雜錄·補遺·唐玄宗舞馬》,北京:中華書局,
　　1994年,第45頁。

[73]北宋·王若欽等,《冊府元龜》卷十五,〈帝王部·年號〉,北京:中
　　華書局,1960年,第169頁。

[74]《資治通鑑》卷一八五,唐高祖武德元年第25條,第7688頁。

[75]《資治通鑑》卷一九一,唐高祖武德八年第40條,第7958頁。

[77]《資治通鑑》卷二〇〇,唐高宗顯慶元年第2條,第8312頁。

[78]《資治通鑑》卷二〇〇,唐高宗龍朔元年第2條,第8342頁。

[79]《資治通鑑》卷二〇一,唐高宗龍朔三年第13條,第8362頁。

[80]《資治通鑑》卷二〇七,唐中宗神龍元年第1條,第8656頁。

[81]《資治通鑑》卷二〇八,唐中宗景龍元年第15條,第8710頁。

[82]《資治通鑑》卷二〇九,唐睿宗景雲元年第25條,第8766頁。《舊唐
　　書》卷七,〈中宗本紀·睿宗本紀〉所記略同,第150、155頁。

[83]《資治通鑑》卷二一〇,唐玄宗先天元年第19條,第8800頁。

[84]《資治通鑑》卷二一○，唐玄宗開元元年第26條，第8822頁。

[85]《資治通鑑》卷二一五，唐玄宗天寶元年第1條，第9024頁。

[86]《資治通鑑》卷二一八，唐玄宗天寶十五載第15條，第9172頁。

[87]《資治通鑑》卷二二○，唐肅宗乾元元年第4條，第9254頁。

[88]清・顧炎武著，黃汝成集釋，《日知錄集釋》卷十一，〈錢法之變〉，
　　上海：世界書局印行，1936年，第267頁。

[89]《史記》卷六，〈秦始皇本紀〉，第236頁。

[90]《漢書》卷一，〈高帝紀下〉，第52頁。

[91]《全唐文》卷四六九，陸贄，〈奉天論尊號加字狀〉，第2121頁。

[92]《全唐文》卷四六九，陸贄，〈重論尊號狀〉，第2121頁。

[93]佚名撰，袁宏點校，《逸周書》卷六，〈諡法解〉，濟南：齊魯書社，
　　1999年，第68—72頁。

[94]《全唐文》卷三三六，顏真卿，〈請復七聖諡號狀〉，第1507頁。

[95]《資治通鑑》卷二一七，唐玄宗天寶十三載第6條，第9112頁。

[96]《舊唐書》卷七十一，〈魏徵傳〉，第2561頁。

[97]《舊唐書》卷六十六，〈房玄齡傳〉，第2467頁。

[98]《舊唐書》卷九十八，〈盧懷慎傳〉，第3068頁。

[99]《舊唐書》卷一三九，〈陸贄傳〉，第3818頁。

[100]《舊唐書》卷六十三，〈蕭瑀傳〉，第2404頁。

二、唐長安城玄武門兵變攷論

　　宮廷政變，通常是指某個統治集團中的少數人為了實現權力的轉移，而通過密謀使用軍事暴力手段奪取政權而發動的一場政治爭鬥，史稱「兵變」，兵變的過程往往充滿著血腥與屠殺。

　　中國有著兩千年的封建專制王朝和五千年的社會文明歷史。由於夏啟奪伯益位而為王，從而導致堯、舜傳賢禪讓制度的崩潰。夏王朝確立王位世襲制，並規定：或父死子繼，或兄終弟及。就這樣，一次次的皇袍加身，一頂頂的皇冠落地，王位的更替伴隨著動盪不安。

　　文獻記載，西周王室的「管蔡之亂」，就是一場未遂的宮廷政變。秦代的「沙丘之變」，以及前秦的「苻堅之變」均屬此例。宮廷政變之所以頻頻發生，究其原因，主要有四：一、兄弟相爭；二、權臣擅命；三、外戚專權；四、宦官立君。

　　唐王朝歷經十四世二十一帝二百八十九年。在這近三百年間，發生大大小小的宮廷政變就有二十多起。其中：皇子政變兩起，太子政變三起，皇后政變一起，太后政變兩起，朝臣政變六起，宦官政變七起。而最著名的當屬「玄武門兵變」。

　　唐王朝建有兩都，西都長安城和東都洛陽城。在西都長安城有兩座玄武門：一座是位於宮城正中太極宮的北宮門；另一座則是大明宮的北宮門。太極宮建於隋初，隋稱大興宮，唐睿宗景雲元年（710）改稱太極宮。因其為唐京都的正宮，故又稱「京大內」。亦稱「西內」。唐代的太極宮實際上是太極宮、東宮和掖庭宮的總稱，位於長安城中央的最北部。據文獻記載和考古勘測可知，宮城東西寬2830.3米，南北長1492.1米。其中掖庭宮寬702.5米，太極宮寬1285米，東宮寬832.3米，總體為東西長，南北短的長方形。太極宮的東牆即東宮的西牆，牆基寬14米，西牆即掖庭宮的東牆，牆基寬11.50米。1962年以前，尚存牆基高1.30米。太極殿是太極宮內的主殿，位於太極門內，系高祖李淵建唐後，在隋代大興殿的基礎上擴建而成，為高祖朝直至高宗朝的政治中樞。大明宮位於宮城之北，即唐太宗李世民為太上皇李淵修建的夏宮。其南牆就是長安外郭城的北垣。

唐長安城平面圖

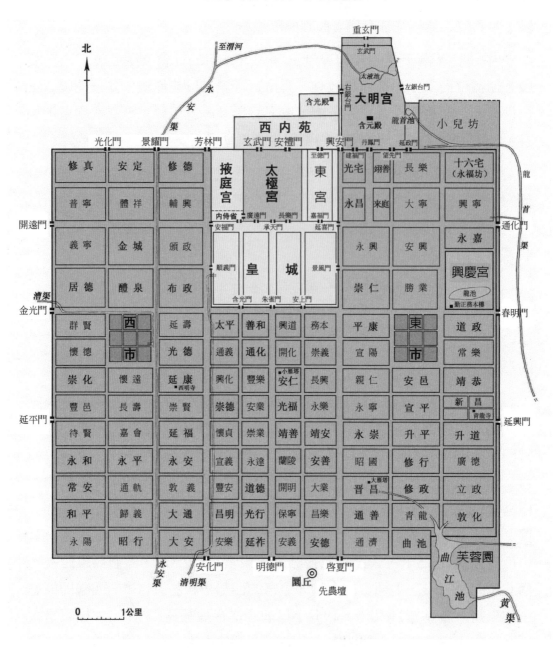

▲圖1　唐長安城平面圖（張全民提供）

唐東都洛陽城圖

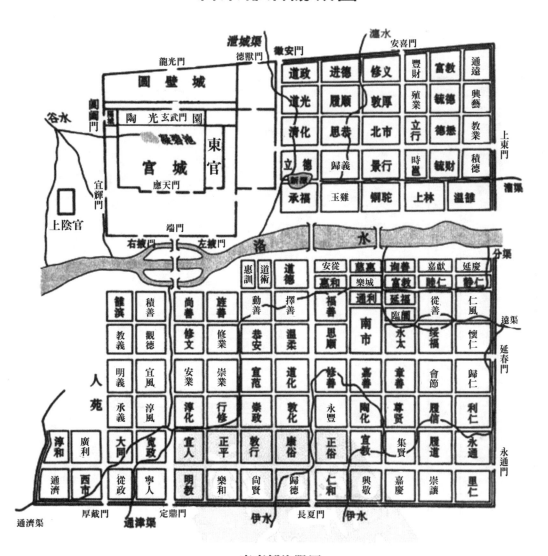

唐東都洛陽圖

據《中國大百科全書・中國歷史》（中國大百科全書出版社　北京・上海1992年版）
第1047頁《唐東都洛陽圖》改動：
1. 改修行爲行修，改興教爲興敬
2. 南市範圍北部四分之一爲通利坊，通利坊北爲樂城坊

▲ 圖2　唐東都洛陽城圖（趙振華供圖）

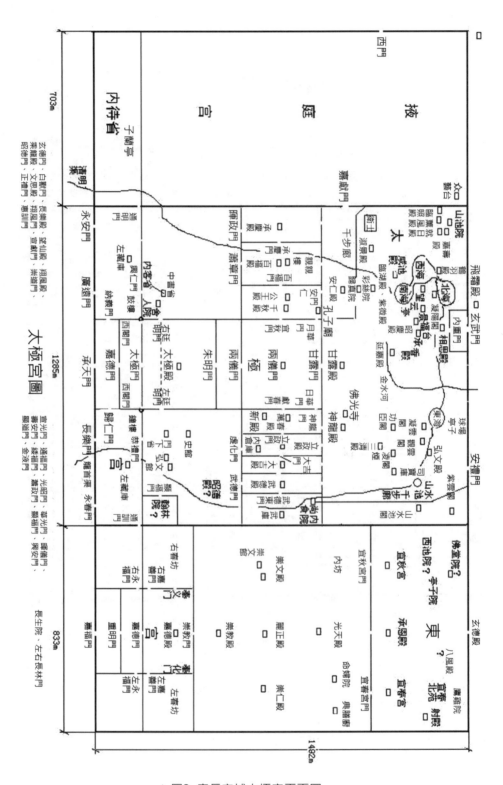

▲圖3　唐長安城太極宮平面圖

始建於貞觀八年（634），初名永安宮，次年改為大明宮，未成而止。直至高宗龍朔二年（662）接續重建，建成後改名蓬萊宮，咸亨元年（670），改名含元殿，神龍元年（705），又改名大明宮。自高宗起，先後被17位皇帝視為聽政之所，歷時二百餘年。

　　玄武，是中國古代用來表示天空中東、南、西、北四大區景象（四象）的四組動物之一，它們分別是：東青龍，西白虎，南朱雀，北玄武。或曰左青龍、右白虎、前朱雀、後玄武。玄武，即由北方七宿（鬥宿、牛宿、女宿、虛宿、危宿、室宿、壁宿）組成龜蛇相纏之象，在神話中被稱為北方之神，代表北方。

　　在唐朝，都城的皇家宮殿是帝王居住和聽政的主要場所。所以，太極、大明兩宮都是分為外朝和內廷兩部分。外朝主要是皇帝聽取朝政、舉行宴會的宮殿和若干官署；內廷則是皇帝和后妃的寢宮和花園，是帝王后妃起居遊憩的場所。而最關鍵的是，外朝位於皇宮南部，內廷則處在皇宮北部。因此，皇宮城牆北面諸門對內廷的安全起著主要的作用，這其中，作為北面正門的玄武門，就更是有著舉足輕重的地位。

　　唐代宮城各門均由宮廷衛軍把守。而在玄武門外設有兩廊，宮廷衛軍指揮總署就駐紮在這裡，被稱為「北衙」，有著堅固的工事和雄厚的兵力。據此，政變發生時，首先要控制玄武門的意義不言自明。因為控制了玄武門便可以控制內廷，而控制了內廷也就可以控制皇帝，進而控制中央政府，乃至整個國家。

　　據文獻記載，唐長安宮廷玄武門共發生過四次兵變，其中：一次在太極宮之玄武門，即唐高祖武德九年六月四日，由秦王李世民發動；三次在大明宮之玄武門，即神龍三年七月六日，由太子李重俊發動；景龍四年六月二日，由潞州別駕李隆基發動；寶應元年四月二十日，由宦官李輔國和程元振發動。

（一）秦王李世民太極宮玄武門政變

李世民（599－649），唐高祖李淵次子。生母太穆順聖皇后竇氏。隋開皇十八年十二月二十二日，生於李淵上任岐州（今陝西鳳翔縣）刺史的途中——武功（今陝西武功縣）別館。「時有二龍戲於館門之外，三日而去」[1]。四年後，有位自稱善於相面的書生在岐州看見李淵次子便說：「龍鳳之姿，天日之表，年將二十，必能濟世安民矣。」[2]老成持重的李淵聞言，既喜又憂，憂的是，如果相面書生將此事亂說出去，李家無疑將會招致殺身之禍，正欲將其置於死地之時，忽倏然間書生蹤影全無。李淵遂給次子起名世民，取「濟世安民」之意。幼年的李世民便隨父母歷居滎陽（今河南鄭州市）、樓煩（今山西靜樂縣）、隴州（今陝西隴縣）及長安（今陝西西安市）等地。

隋大業十一年（615）八月，隋煬帝出塞巡邊，在雁門（位於今山西代縣，自建雁門關後，便有「一夫當關，萬夫莫開」之勢）。被始畢可汗率領的突厥兵圍困，當他看見城下突厥兵的箭矢紛紛落在眼前時，嚇得魂膽俱喪。為求其救，便以木繫詔書，投水漂流而下。隋天子被圍困的消息一經傳出，各路大軍急往增援。此時，年僅十六歲的李世民便向自己的上司屯衛將軍雲定興獻計：「必齎旗鼓以設疑兵。且始畢可汗舉國之師，敢圍天子，必以國家倉卒無援。我張軍容，令數十里幡旗相續，夜則鉦鼓相應，虜必謂救兵雲集，望塵而遁矣。不然，彼眾我寡，悉軍來戰，必不能支矣。」[3]雲將軍經過權衡，最終採納了李世民的計策。當他們行至崞縣（今山西原平市）時，突厥探子立即飛報始畢可汗：「王師大至」。始畢可汗慌忙下令撤退。這種令突厥不戰而退之計，充分顯示出李世民高瞻遠矚的軍事眼光和卓越不凡的英雄膽識。

大業十三年（617）七月，太原留守兼晉陽宮監李淵在長子建成、次子世民以及長女平陽公主的駙馬柴紹的支持下，統兵三萬揮師南下，並乘隙進取關中。十一月，攻拔長安（今陝西西安）。李淵佔領長安後，遂立隋煬帝孫子代王楊侑（605－619）為隋恭帝，改元義寧，楊侑尊隋煬帝為

「太上皇」。十二月，李淵又以楊侑名義自加假黃鉞、使持節、大都督內外諸軍事、尚書令、大丞相，進封唐王，總理萬機。

唐高祖武德元年（618）五月二十日，「唐王（李淵）即皇帝位於太極殿，遣刑部尚書蕭造告天於南郊，大赦，改元。罷郡，置州，以太守為刺史。推五運為土德，色尚黃。」[4]李淵登基稱帝，改國號為唐，改元武德，定都長安。六月一日，任命趙公李世民為尚書令。七月，薛舉率軍攻克秦州（今甘肅天水市），途中又將唐弼的十萬兵力收編後揮師東進，欲圖京師。在對高祖政權造成嚴重威脅的形勢下，李世民奉命率軍征討薛舉父子軍事集團。不巧的是，「會世民得瘧疾，委軍事於長史納言劉文靜、司馬殷開山，且戒之曰：『薛舉懸軍深入，食少兵疲，若來挑戰，慎勿應也。俟吾疾愈，為君等破之。』」[5]孰料二人不聽告誡，竟私下陳兵高墌（今陝西長武縣西北），以耀軍威，結果遭到薛舉精銳騎兵從背後包抄偷襲，將士卒死者十之五六，軍中大將慕容羅睺、劉弘基、李安遠等陣亡。李世民無奈，只得引兵退還京師，京師一片嘩然。

唐高祖武德二年（619）四月，盤踞中原的王世充（？—621）廢掉隋越王楊侗後自立為帝，國號為鄭，建元開明，建都洛陽。此時，在黃河流域，基本上形成了唐（李淵）、鄭（王世充）、夏（竇建德）三國鼎峙的局面。裴寂、劉文靜皆為李淵太原起兵時的佐命元從，尤其是裴寂，深得高祖的寵信。劉文靜後來成為秦王李世民的心腹，自以為才略功勳居裴寂之上而位屈居其下，頗有怨言。九月六日，裴寂因嫉恨劉文靜，便力勸高祖將其處死。高祖順聽其言，藉故處死了劉文靜，高祖之舉，實際上是在打擊秦王李世民，在進一步削弱秦王府的政治勢力和軍事實力。九月十六日，劉武周進犯並州（今山西陽曲縣以南及文水縣以北），李元吉棄城而逃。十月，劉武周大將宋金剛先後攻陷晉州、澮州，李世民請求率兵三萬，前往平定。高祖親至長春宮送行。收復失地後，再加李世民益州道行台尚書令。

唐高祖武德三年（620）四月，秦王李世民在呂州（今山西霍縣）與

宋金剛部激戰，宋金剛計窮而走，李世民策馬直追，至「雀鼠穀（今山西介休西之汾水和谷），一日八戰，皆破之，俘斬數萬人。夜，宿於雀鼠谷西原，世民不食二日，不解甲三日矣，軍中止有一羊，世民與將士分而食之。」[6]次日於介休城（今山西介休市東南十五里）再敗背城佈陣的宋金剛，俘獲宋金剛大將尉遲敬德。劉武周聞知宋金剛大敗，遂率五百餘騎棄太原北走突厥，後來，劉武周與宋金剛皆被突厥貴族誅殺。

唐高祖武德四年（621）二月，竇建德攻陷周橋（今山東荷澤附近）。三月二十四日，李世民採納謀士薛收的建議，在成皋（即武牢關，今河南榮陽縣西北汜水鎮東原）與竇建德軍對峙兩月餘，逼迫竇建德列陣待戰，鼓行而進，程知節舉旗吶喊，竇軍望而潰逃。唐軍直起追擊三十里，殺敵三千，竇建德負傷被俘，夏軍將士潰散，李世民一舉敗鄭滅夏，為唐統一全國奠定了良好的基礎。七月九日，李世民班師回朝。十月，高祖為表其功，「加號天策上將、陝東道大行台，位在王公上。增邑兩萬戶，通前三萬戶。賜金輅一乘，袞冕之服，玉璧一雙，黃金六千斤，前後部鼓吹及九部之樂，班劍四十人。」[7]並詔准李世民開府置官屬。也就在這一年，李世民以天下漸平為由，上奏高祖，意欲組建文學館，高祖欣然表示同意。於是，秦王李世民便在西宮西側「開設文學館以待四方之士。行台司勳郎中杜如晦等十有八人為學士，每更直閣下，降以溫顏，與之討論經義，或夜分而罷。」[8]

在號稱「秦王府十八學士」中，除杜如晦外，其餘則為記室、考功郎中房玄齡，記室參軍虞世南，文學褚亮、姚思廉，大理司直兼監察御史李玄道，參軍蔡允恭、薛元敬、顏相時，諮議典簽蘇勖，天策府從事中郎於寧志，軍諮祭酒蘇世長，天策府記室薛收，倉曹李守素，國子助教陸德明、孔穎達，太學助教蓋文達，著作左郎、攝天策記室許敬宗等。李世民又請庫直閻立本分別為十八學士畫像，教令褚亮作贊，此乃千秋翰苑盛事。

在當時，如果士大夫能夠入選文學館學士，將是人生之幸事，謂之

「登瀛州」。「瀛州」為傳說中的海上三仙山之一，凡能到達者即可成仙。後來，天策府記室薛收故去，李世民征錄事參軍劉孝孫入館。其實，李世民組建的文學館實為一個半公開的政治智囊集團。李世民以此為依託，迅速擴充自己的勢力，藉以謀劃未來的政治氣象和權力格局，即房玄齡謂之曰：「經營四方」。

唐高祖武德五年（622）正月，李世民於洺州（今河北永年縣東南）討伐竇建德舊將劉黑闥。史書記載，劉黑闥驍勇奸詐，在軍中號為「神勇」。劉黑闥初為瓦崗軍部將，瓦崗軍敗，歸王世充，他見王世充不能成大事，又投奔竇建德。七月，劉黑闥又在漳南（今山東武城縣西北）起兵反唐，十月，高祖加李世民為左右十二衛大將軍。

據史書記載，在唐高祖武德六年（623）之前，李家三兄弟之間雖然不算十分和睦，但基本上倒也相安無事。他們在父皇的直接領導下，為全國的統一各司其職，各盡其能。後來，除齊王元吉受到太子建成的蠱惑拉攏外，在宰相中，裴寂、封德彝是太子的支持者；蕭瑀、陳叔達則是秦王的支持者，從此，李世民不為「兄弟所容」，東、西兩宮的政治勢力形成對壘，勢同水火。其中的封德彝是「潛持兩端，陰附建成。」

由於太子建成和齊王元吉的唆使，后宮嬪妃，特別是張婕妤、尹德妃經常會在高祖耳邊吹風，乘機說秦王的壞話。在李世民平定洛陽之初，高祖曾派嬪妃數人赴洛陽選閱宮女，再順便看看府庫珍寶，貪婪成性的嬪妃卻私拿寶物據為己有，還向秦王為他們的親屬謀求官位。秦王李世民說：「寶貨皆已籍奏，官當授賢才有功者。」[9]意思是說，這些寶物已經登記造冊上報朝廷，全部為國家所有，任何人是不可以隨便拿的。再說，官職不是隨便可以要的，應該授給那些賢良之才和有功之臣。由於秦王沒有滿足嬪妃們的私請，故其「由是益怨」。

在李世民任陝東道行台時，淮安王李神通因功獲賞田產數十頃。後來，張婕妤的父親倚勢作威，為了霸佔這塊田產，利用女兒的關係弄到了高祖的賜田手詔，而李神通以秦王賜田之教（今）在前為由，堅不肯讓。

於是，張婕妤便在高祖面前哭哭啼啼，胡說什麼陛下賜給妾父之田，竟然被秦王奪去給了李神通等等。高祖信以為真，遂對李世民呵斥道：「我手敕不如汝教邪！」[10]

尹德妃的父親尹阿鼠，在京城一貫橫行霸道。一天，秦王府屬官杜如晦外出辦事，騎馬行經其門，尹阿鼠的家僮突然竄出來不問青紅皂白，將杜如晦拖下馬來毆打，並折斷了一根手指頭，邊打邊罵：「汝何人，敢過我門而不下馬！」[11]事後，尹阿鼠又指使尹德妃惡人先告狀，說什麼秦王府的人在光天化日之下肆意凌暴妾家。高祖聽後，信以為真，又一次訓斥李世民：「我妃嬪家猶為汝左右所陵，況小民乎！」[12]意思是說。「我嬪妃的家人是你秦王府的人隨便凌辱和暴打的嗎？何況還是小小的百姓！李世民雖然據實陳明，深自辯分，但高祖不聽。

由於太子建成會經常給后宮嬪妃施以小恩小惠，所以，愛占小便宜的嬪妃們經常會在高祖面前吹捧東宮太子仁厚，西宮秦王刻薄，致使高祖愈來愈對世民「恩禮漸寡」。

晉陽起兵，皆秦王之謀。在起兵前，李淵曾對李世民說：「若事成，則天下皆汝所致，當以汝為太子。」[13]當時，李世民就「拜謝推辭」。軍中將領請求以李世民為世子，李淵也有意立他，李世民知道後，「固辭而止」。後來，高祖遂立長子建成為太子，但其「性寬簡，喜酒色遊畋。」[14]意思是說，「建成這個人性情鬆散，貪戀女色，嗜酒好獵。」言下之意，不是做皇帝的料。

秦王李世民因戰功之業，高祖私下許諾改立其為皇太子。不料，他們的談話內容卻被太子建成獲悉，太子中允王珪、太子洗馬魏徵便向太子獻計道：「秦王功蓋天下，中外歸心；殿下但以年長位居東宮，無大功以鎮服海內。今劉黑闥散亡之餘，眾不滿萬，資糧匱乏，以大軍臨之，勢如拉朽，殿下宜自擊之以取功名，因結納山東豪傑，庶可自安。」[15]太子從其計，果真不出所料。從此，太子建成深深意識到秦王世民對自己的皇儲地位已經構成了極大的威脅。於是，決定與齊王元吉聯手，欲置秦王世民

於死地。根據史書記載，有這麼幾件事：

唐高祖武德七年（624）六月，秦王李世民隨高祖前往齊王府，「時秦王有功，而太子不為中外所屬，元吉喜亂，欲並圖之。乃構於太子曰：『秦王功業日隆，為上所愛，殿下雖為太子，位不安，不早計，還踵受禍矣，請為殿下殺之。』」[16]齊王李元吉便命護軍宇文寶埋伏在寢室內，伺機刺殺李世民。太子建成於心不忍，連忙制止了李元吉殺戮同胞骨肉的殘暴行徑。不料，李元吉卻說：「為兄計耳，於我何有！」[17]狂妄之極的李元吉竟然當面請求高祖誅殺李世民。高祖說：「是有定四海功，殺之無名。」[18]不料，元吉卻說：「王昔平東都，顧望不即西，散金帛樹私惠，豈非反邪？」[19]意思是說，「當年秦王在東都洛陽平定王世充後，遲遲不願班師回朝，並在當地散發金帛，藉以籠絡人心，擴充勢力，難道說這不是謀反的證據嗎？但須速殺！何患無辭！」但無論如何，高祖還是沒有同意誅殺世民。試想，元吉能當著高祖的面公然要求鏟除李世民，足以表明高祖對世民的猜疑尤深。

同年七月，太子建成和齊王元吉奏請高祖在長安城南校獵，高祖表示同意，並命太子李建成、秦王李世民和齊王李元吉一同前往。喜幸之餘，便命三個兒子比試騎射，以角逐勝負。此時，李建成擁有一匹來自北方民族首領贈送的胡馬，此馬體形高大，膘肥滾圓，但卻喜歡顛蹶（尥蹶子），騎手稍不留意，常常會被摔下馬背。李建成對李世民說：「此馬甚駿，能超數丈澗，弟善騎，試乘之。」[20]李世民二話沒說，拉過韁繩，翻身上馬，想去追逐遠處的那群野鹿。這時，只見胡馬長空一聲嘶鳴，立即顛蹶起來，李建成面對眼前出現的一幕，心中暗暗竊喜。作為馭馬行家的李世民感覺這陣勢有些很不對頭，遂機警地躍下狂跳的馬背，穩穩地立於數步之外，就這樣一連三次。李世民似有所悟，回過頭來看著李建成身旁的宰相宇文士及說：「彼欲以此見殺，死生有命，庸何傷乎！」[21]其實是在指責太子建成殘殺骨肉的險惡用心。說罷，揚長而去。史稱「蹶馬事件」，或稱「胡馬謀殺案」。

　　當李建成聽到李世民的這番話後，感到渾身的不自在。想了想，立即指使在場的張婕妤和尹德妃面見高祖誣陷李世民。張、尹二人對高祖說：「秦王自言，我有天命，方為天下主，豈有浪死！」[22]高祖聽後，勃然大怒，先將李建成和李元吉二人叫來，然後再將李世民叫來，當著建成和元吉的面嚴厲訓斥世民：「天子自有天命，非智力可求。汝求之一何急邪！」[23]意思是說：「誰是天子，上天自然會授於他，不是憑藉自己的那點聰明智謀就能夠得到的，你謀求皇位的野心怎麼這般急切呢？」李世民感到冤枉，再三辯解，高祖不聽。李世民無奈，只好摘去王冠，伏地叩拜，請求高祖將自己交給執法部門查訊證實。

　　在皇權面前，高祖仍然怒氣難消。正在此時，有關部門忽報突厥侵犯邊關，高祖只好先將此事放過，轉而和顏悅色地勸說李世民戴上王冠，繫好腰帶，並與其商議退敵之策。七月二十一日，高祖命李世民與李元吉統領兵馬，經由幽州前去討伐突厥。並親自在蘭池（今陝西咸陽市東，或稱蘭池陂，為秦始皇引水所造之池）為他們餞行。

　　突厥退兵，對李世民而言，確實增添了一層潛在的危險。高祖最害怕的就是軍中將領與突厥裡應外合，為此，他曾藉口殺了與自己患難與共的劉文靜。這個處境，李世民心裡非常清楚，也非常後怕。畢竟，僅憑李世民的幾句話，突厥兵不戰而退，放在任何人的眼裡，將會產生一種什麼樣的聯想？高祖對此敏感異常。

　　歷史就是這樣無情地開著高祖的玩笑。每當有人報告敵情，高祖首先第一個想到的就是李世民。每當戰事平息後，高祖首先第一個猜疑的還是李世民，並且越發嚴重起來。

　　一次，太子建成和齊王元吉密謀，藉口以緩和兄弟關係為由，夜晚將秦王世民騙至東宮赴宴。席間，太子建成遂對秦王世民說：我們兄弟情同手足，難得聚在一起，今晚，我們何不開懷暢飲？說罷，讓自己的愛妃向秦王世民敬酒。在此場合的李世民究竟是怎樣的一種心境？是糾結？還是淋漓？結果，太子妃敬給世民喝下的竟然是鳩酒，不一會兒，毒性發作，

李世民感到心中暴痛，咳血數升，差點丟了性命。幸虧被一道同去的族叔、淮安王李神通扶還西宮。事後，高祖聞知秦王夜宴致疾，親臨西宮承乾殿探視，並敷衍了事地責怪了太子建成幾句，事情就這樣被高祖金口一開一言而過，史稱「夜宴事件」，或「鴆酒謀殺案」。

　　高祖避過太子建成又語重心長地對世民說：「發跡晉陽，本是汝計；克平宇內，是汝大功。欲升儲位，汝固讓不受，以成汝美志。建成自居東宮，多歷年所，今複不忍奪之。觀汝兄弟，終是不和，同在京邑，必有忿競。汝還行台，居於洛陽，自陝已東，悉宜主之。仍令汝建天子旌旗，如梁孝王故事。」[24]李世民聽後，哭著奏道：「今日之授，實非所願，不能遠離膝下。」[25]意思是說：「父皇今日所授，實非孩兒所願，父皇年事已高，為國日夜操勞，我要在父皇身邊為父皇盡守孝道。」言罷，更是悲不自勝。高祖又說：「……東西兩宮，途路咫尺，憶汝即往，無勞悲也。」[26]就在李世民即將動身前往東都時，太子建成和齊王元吉覺得，如果秦王去了洛陽，既得了土地，又得了甲兵，必為後患。還不如將他留在京師，時時都會受到咱倆對他的鉗制，看他秦王又能怎麼樣？這樣的話，咱們就不會有後顧之憂。隨後，便暗中指使數人上奏高祖：「秦王左右多是東人，聞往洛陽，非常欣躍，觀其情狀，自今一去，不作來意。」[27]李淵聽後，隨即取消了派李世民居住洛陽的計畫。

　　為了充實東宮，太子建成竟然背著高祖，擅自招募京都長安惡少及全國各地的勇猛之士二千多人，並安排他們分別在東宮的左、右長林門下駐紮下來，號稱「長林兵」。為了充實東宮宿衛，又在暗中指使右虞侯率可達志從燕王李藝那裡調來幽州三百突厥騎兵進宮，並將他們安排在東宮東面的各個坊市中，為進攻西宮鏟除秦王做好軍事力量準備。不料，此事被人告發，高祖祇是把太子建成叫去敷衍了事地責備了一番，而將可達志流放巂州（今四川西昌縣）了事。

　　此時，慶州（治今甘肅慶陽）都督楊文幹的謀反卻給秦王李世民栽贓陷害太子李建成提供了一次難得的機會。唐高祖武德七年六月三日，高

祖行幸仁智宮（今陝西宜君縣境內）避暑，命秦王李世民和齊王李元吉隨行，命太子李建成留守長安。李建成卻私下安排李元吉乘機謀害李世民。李建成等高祖起駕後，秘密指使郎將爾朱煥和校尉橋公山將所帶的盔甲送給慶州都督楊文幹。當初，楊文幹曾在東宮當過值宿警衛，太子建成非常親近他，私下讓他為東宮招募勇士。爾朱煥和橋公山獲悉情報後，義無反顧地向高祖告發太子李建成指使楊文幹起兵反唐。同時，還有一位寧州（治今甘肅寧縣）人杜鳳舉也前往仁智宮向高祖告發太子建成。高祖聞言大怒，詔傳太子建成速來仁智宮。李建成心中畏懼，不敢前往。就在這時，太子舍人徐師謩奉勸建成起兵佔據京師。而詹事主簿趙弘智力勸太子應該去見高祖，當面謝罪，太子聽其言。在走到距離仁智宮不到六十里的地方，太子便將所有隨從官員留在了北魏毛鴻賓遺址中，僅帶了十餘人前往仁智宮晉見高祖。見到高祖後，便伏地叩頭，因用力過猛，幾乎昏死過去。高祖怒氣仍然未消。當天夜裡，高祖派遣司農卿宇文穎前往慶州都督府傳喚楊文幹。六月二十四日，慶州都督楊文幹起兵反叛。高祖立即派遣左武衛將軍錢九隴和靈州都督楊師道率軍進行討伐。

事隔一天，即六月二十六日，高祖詔令李世民商量此事，李世民乘機向高祖說：「文幹豎子，敢為狂逆，計府僚已應擒戮，若不爾，正應遣一將討之耳。」[28]高祖說：「不然。文幹事連建成，恐應之者眾。汝宜自行，還，立汝為太子。吾不能效隋文帝自誅其子，當封建成為蜀王。蜀兵脆弱，它日苟能事汝，汝宜全之；不能事汝，汝取之易耳！」[29]意思是說，「不能這樣做，楊文幹的事情直接關聯著太子建成，你最好親自去一趟，回來之後，我便立你為皇太子。我不想效法隋文帝去誅殺自己的親生兒子。到時，我把建成貶為蜀王，因為蜀地的兵力相對薄弱一些。如果以後他肯事奉你，你應當保全他的性命；如果他不肯事奉你，你要捉拿他也很容易的。」

當李世民奉命出發後，齊王李元吉與嬪妃在高祖面前輪番替太子建成說情，封德彝又在設法營救太子建成。於是，高祖又一次改變了主意，詔命太子建成立即返回長安繼續駐守京城，太子建成在臨行前，高祖只是

以兄弟關係不和泛泛地責備了他幾句，最終將罪責全部推給了太子中允王珪、左衛率韋挺及天策兵曹參軍杜淹，遂將他們三人流放巂州（今四川西昌縣）。

　　事實上，東、西兩宮時時都在收買對方的屬官。唐高祖武德九年（626），太子李建成暗中致書秦王府戰將尉遲敬德，並私下承諾贈送金銀器物一車為代價，結果遭到尉遲敬德的斷然拒絕：「敬德，蓬戶甕牖之人，遭隋末亂離，久淪逆地，罪不容誅。秦王賜以更生之恩，今又策名藩邸，唯當殺身以為報。於殿下無功，不敢謬當重賜。若私交殿下，乃是貳心，徇利忘忠，殿下亦何所用！」[30]尉遲敬德遂將此事報告給了秦王李世民，世民說：「公心如山嶽，雖積金至門，知公不移。相遺但受，何所嫌也！且得以知其陰計，豈非良策！不然，禍將及公。」[31]李元吉知道此事後，立即派遣刺客夜刺尉遲敬德，敬德知道後，「洞開重門，安臥不動，刺客屢至其庭，終不敢入。」[32]建成、元吉賊心不死，繼續以金帛賄賂秦王府右二護軍段志玄，段志玄拒而不納，並將此事也及時地告訴了秦王。而秦王李世民也以同樣的手段重金收買東宮的次要人物，如車騎將軍、玄武門宿衛大將軍常何及太子率更令王晊，獲得了成功。這些人雖在太子身邊，可以說基本不被太子重視，故而最容易被人收買。

　　唐高祖武德九年（626）六月，突厥鬱射設率領騎兵數萬，駐紮在黃河以南，時刻準備進入邊塞，入侵烏城（今山西盂縣西北），太子建成為了徹底置秦王於死地，便向高祖推薦由齊王元吉替代秦王李世民率軍北討，高祖聽從了太子的建議。遂命李元吉率右武衛大將軍李藝、天紀將軍張瑾等人前往。李元吉趁機則點名要秦王府驍將尉遲敬德、程知節、段志玄以及右三統軍秦叔寶等人與自己一同出征，又要抽調秦王府中的精銳之士擴充到自己的軍隊之中。最後連秦王府兵籍花名冊都一同要了去，齊王的做法，分明是在釜底抽薪。並且還要在昆明池（今西安市長安區鬥門鎮東南）舉行隆重的出征儀式。同時讓高祖命秦王李世民前來送行，高祖明知這是一場陰謀，居然一一準奏。太子建成密語元吉：「既得秦王精兵，統數萬之眾，吾與秦王至昆明池，於彼宴別，令壯士拉之於幕下，因云

暴卒，主上諒無不信。吾當使人進說，令付吾國務。正位已後，以汝為太弟。敬德等既入汝手，一時坑之，孰敢不服？」[33]不料，此番談話卻被東宮率更令王晊偷聽到，已被李世民收買了的王晊飛快地來到秦王府向李世民通風報信。李世民聽後，立即召集府僚商議，鑒於目前的局勢，建成陰險，元吉毒辣，小人得志。更何況在此之前，護軍薛寶曾以元吉的字合文為「唐」字，元吉得之狂喜，狂妄地說：「『但除秦王，取東宮如反掌耳。』為亂未成，預懷相奪。以大王之威，襲二人如拾地芥。」[34]大家都期望秦王能夠割恩正斷，否則，恐與社稷不利。李世民歎息到：「骨肉相殘，古今大惡。吾誠知禍在朝夕，欲俟其發，然後以義討之，不亦可乎！」[35]

　　此時，尉遲敬德和李世民的妻兄長孫無忌甚至以離開秦王府邸、潛身荒野相要脅，逼迫陷入矛盾之中的李世民能夠果斷地作出選擇。不知是故弄玄虛，還是久安策略，只見李世民讓人占卜，看看是否應該先採取行動。正在此時，僚屬張公瑾正好從外面進來，看到眼前的這一幕，便一手奪過龜甲重重地摔在地上：「卜以決疑，今事在不疑，尚何卜乎！卜而不吉，庸得已乎！」[36]

　　六月三日，白天有太白金星再次出現在天空正南方的午位。傅奕密奏高祖說：「太白見秦分，秦王當有天下。」[37]高祖遂將傅奕的密狀交給了李世民。就在此時，李世民向高祖暗中奏陳李建成和李元吉淫亂后宮嬪妃，並且說：「臣於兄弟無絲毫負，今欲殺臣，似為世充、建德報仇。臣今枉死，永違君親，魂歸地下，實恥見諸賊！」[38]高祖驚訝地望著李世民說：「明當鞫問，汝宜早參。」

　　六月四日，李世民率長孫無忌、尉遲敬德、房玄齡、杜如晦、宇文士及、高士廉、侯君集、程知節、秦叔寶、段志玄、屈突通、張士貴等人入朝，並在玄武門埋下伏兵。此時，高祖已經將裴寂、蕭瑀、陳叔達、封德彝、裴矩等人召集前來，準備查驗這件事情。當李建成、李元吉來到臨湖殿，察覺到了變化，立即掉轉馬頭，準備向東返回東宮和齊王府。李世民

跟在後面呼喚他們，李元吉心虛，先張弓搭箭射擊李世民，但由於心急，一連兩三次都沒有將弓拉滿，箭沒有射出。李世民卻搭弓怒射李建成，一箭將他射死。尉遲敬德帶領騎兵七十人相繼趕到，他身邊的將士用箭射中了李元吉，元吉跌下馬來。就在此時，李世民的坐騎受到了驚嚇，而駄著李世民奔入玄武門旁邊的樹林，李世民又被林中的樹枝掛住，從馬背上摔下，一時爬不起來，「元吉遽至，奪弓將扼之，敬德躍馬叱之。元吉步欲趣高祖武德殿，敬德追射，殺之。」

　　太子李建成的部下、翊衛車騎將軍馮翊馮立二人聞聽建成身死的消息後歎息道：「豈有生受其恩而死逃其難乎！」[39] 於是，便與副護軍薛萬徹、屈咥直府左車騎謝叔方率領東宮和齊王府的精銳兵馬兩千人急馳玄武門，準備為太子和齊王報仇。因張公謹膂力過人，他獨自關閉了大門，擋住馮立等人使其無法進入。雲麾將軍敬君弘掌管著宿衛軍，駐紮在玄武門。他挺身而起，準備出戰，與他親近的人阻止他說：「事未可知，且徐觀變，俟兵集，成列而戰，未晚也。」[40] 敬君弘不但不聽從，而且還與中郎將呂世衡大聲呼喊著向敵陣衝去，結果全部戰死。把守玄武門的士兵與薛萬徹等人奮力交戰，持續了很長時間，薛萬徹擂鼓吶喊，準備進攻秦王府，將士們大為恐懼。就在此時，只見尉遲敬德在城樓上提著建成和元吉的首級給薛萬徹他們看，東宮和齊王府的人馬頓失戰心，迅速潰散，薛萬徹與騎兵數十人則逃入終南山中。馮立殺死敬君弘後，對部下說：「亦足以少報太子矣！」[41] 於是，他丟掉兵器，落荒而逃。秦王遂命擐甲持矛的尉遲敬德入宮，敬德直奔在海池泛舟的高祖而來，高祖見狀大驚，敬德直對高祖說：「秦王以太子、齊王作亂，舉兵誅之，恐驚動陛下，遣臣宿衛。」[42]

　　在這裡，名為「宿衛」，實為武裝脅持。敬德逼迫高祖下敕，三天後，即六月七日，高祖詔立李世民為太子：「自今軍國庶事，無大小悉委太子處決，然後聞奏。」[43] 八月八日正式傳位，自稱「太上皇」。大唐王朝第一位太上皇從此只有獨自哀歎，政變以秦王李世民的勝利而告終。真乃：長街漏聲催曉箭，兄弟宮門爭冕旒。

在經歷了這場軍事變亂之後,《資治通鑒》作者司馬光為此感歎道:「立嫡一長,禮之正也。然高祖所以有天下,皆太宗之功;隱太子以庸劣居其右,地嫌勢逼,必不相容。向使高祖有文王之明,隱太子有泰伯之賢,太宗有子臧之節,則亂何自而生矣!」[44]

曾有學者對此相關事件的真實性提出過質疑。姑就史書所記載,從整個皇權爭鬥事態發展過程看,釀成兄弟反目,骨肉相殘,最終應當歸罪於唐高祖李淵。

(二) 太子李重俊之大明宮玄武門兵變

李重俊(?—707),中宗第三子。聖曆元年(698)被封為義興郡王。長安(701—704)中,授衛尉員外少卿。神龍(705—707)初,封衛王,拜洛州牧,賜實封千戶。「尋遷左衛大將軍,兼遙授揚州大都督。」[45]神龍二年(706)秋,被立為皇太子。

太子「性明果,然少法度」[46]。時秘書監楊璬及太常卿武崇訓為太子賓客,此二人不學無術,無調護之意。對太子「惟狗馬蹴鞠相戲昵」[47]。

當時,武三思在宮中得寵,內忌太子。武三思的兒子武崇訓又娶了中宗安樂公主為妻,「常教公主淩忽重俊,以其非韋后所生,常呼之為奴」[48]。有人曾勸安樂公主奏請中宗,廢太子李重俊為王,立其為皇太女。為此,重俊不勝忿恨。

安樂公主,唐中宗幼女,生母韋皇后。光宅元年二月六日,中宗因「我以天下與韋玄貞何不可!而惜侍中邪!」[49]之狂語,被太后武則天廢為盧陵王,扶下殿,乃幽禁於別所。翌日,立李顯之弟、雍州牧、豫王李旦為皇帝,是為睿宗。「政事決於太后,居睿宗於別殿,不得有所預。」[50]

四月二十二日,太后將盧陵王貶謫均州(今湖北丹江口市),又迁房州(今湖北房縣)。時年二十八歲的李顯便拖家帶口,踏上了充滿政治險

惡的旅程。安樂公主是在去房州的途中降生，降生時，盧陵王急忙脫下自己的衣服包裹，故公主乳名「裹兒」。

公主姿性聰慧，容質秀絕，父母對她日漸寵愛。他們一家在外一待就是十四年，直至聖曆元年三月九日，武則天在李昭德、狄仁傑等重臣的勸誡下，才假託盧陵王李顯有病，「**遣職方員外郎瑕丘徐彥伯召盧陵王及其妃、諸子詣行在療疾。**」[51]

盧陵王攜家還都後，被重新立為皇太子，大赦天下。「裹兒」也被封為安樂郡主。長安中，武則天還將安樂郡主指配給自己娘家侄子武三思的次子武崇訓為妻。

神龍元年正月二十三日，在經歷了一場以宰相張柬之為首所發動的宮廷政變後，武則天「**制太子監國，赦天下**」[52]。二十五日，李顯重即皇帝位。安樂郡主晉為安樂公主。駙馬都尉武崇訓遷太常卿，兼左衛將軍，賜實封五百戶，封鎬國公。中宗再拜上官婉兒為昭容。

中宗之所以如此高看上官婉兒，主要基於以下兩方面的考慮：一，上官婉兒聰慧有才情，身上充滿了高貴浪漫的氣質；二，上官婉兒在武則天身邊多年，對朝廷內幕瞭若指掌，對詔令等官樣文書輕車熟路，這一點對於缺乏政治經驗的中宗尤為重要。特別值得一提的是，女皇讓位於中宗的詔書當繫上官婉兒草擬。所以，中宗會請上官婉兒繼續擔任他的私人高級秘書。

上官婉兒清楚地看到了韋后的強悍和中宗的懦弱。上官婉兒為了站穩自己的腳跟，在極力籠絡中宗的同時，不遺餘力地奉迎韋后。最臭名昭著的例子是，武則天的侄子武三思，在其姑母武則天當政前，就已經擔任了右衛將軍。在其姑母當政後，遂被拜為夏官尚書，天官尚書、春宮尚書，並兼修國史，成為姑母的當朝宰相。鑒於這麼一層特殊的關係，武三思與其姑母武則天的貼身秘書上官婉兒多有接觸，「**婉兒通武三思**」[53]。不管是三思以情勾引婉兒，還是婉兒以色勾引三思，但他二人私通已經成為不爭的事實。

　　其後，上官婉兒為了謀求更大的政治利益和更高的政治地位，經過一番痛苦的思考和權衡，毅然決然地將自己的情人武三思雙手拱讓給了韋后。武周時期的重臣武三思在中宗昭容上官婉兒和中宗皇后韋氏的幫助下，搖身一變又成了李唐王朝的司空、同中書門下三品。再加實封五百戶，武三思擺出所謂的「姿態」固辭，卻又晉開府儀同三司。更讓人難以置信的是，「上使韋后與三思雙陸，而自居旁為之點籌」[54]。韋后也就很放肆，竟然當著中宗的面和武三思調情，而這一切都被中宗看在眼裡，中宗藉口有事，便泥鰍般地溜走了。武三思一參政，立即援引武周舊臣魏元宗、韋安石、楊再思及唐休璟等，伺機「反易國政」[55]。

　　上官婉兒姨母之子、左拾遺王昱針對上官婉兒與韋后、武三思聯手禍亂朝政的行為，無不擔憂地對上官婉兒的母親鄭氏說：武周天下的覆滅乃是天意，絕對不會再有興起的機會。現在婉兒依附武則天之姪武三思，遲早會招來禍災，還望姨母費心勸說。「鄭以責婉兒，不從」[56]，依然我行我素。

　　按照唐朝規制，凡對「三品以上官冊授，五品以上制授，六品以下敕授，皆委尚書省奏擬，文屬吏部，武屬兵部，尚書曰中銓，侍郎曰東西銓」[57]。意思是說，凡對三品以上官員的任命，須由皇帝當面冊封，謂之「冊授」；三品以下、五品以上官員的任命，須由皇帝頒佈制書，謂之「制授」；六品以下官員的任命，須由皇帝頒佈敕書，謂之「敕授」，上述官員的任命檔均由尚書省奏擬，文官的任命由吏部擬定，武官的任命由兵部擬定，兩部的尚書稱之為「中銓」，左右侍郎稱之為「東西銓」。

　　上官婉兒之母沛國夫人鄭氏夥同安樂公主、長寧公主及韋后的妹妹郕國夫人、尚官柴氏、賀妻氏等人「皆依勢用事，請謁受賕。雖屠沽臧獲，用錢三十萬，則別降墨敕除官，斜封付中書，時人謂之『斜封官』」[58]。比如：閭丘均，益州成都人，因行賄於安樂公主，被舉薦為太常博士。又如：崔湜，由於委身於上官婉兒，繼而又被上官婉兒轉手於太平公主而得以拜相。如果行賄三萬錢，行賄者就可以被剃度為僧尼。在當時，行賄之

後所得到的員外官、員外同正官、試官、攝官、檢校官、判官及知官就有一千多人。

　　斜封官是不必經過中書省和門下省銓選，而是由皇帝直接降下墨敕任命的。中書省及門下省長官只是負責將皇帝的任命傳達送至有關部門，不敢對任命本身有任何異議。但也有例外，吏部員外郎李朝隱曾前後執縛一千四百餘人，「怨謗紛然，朝隱一無所顧。」[59]

　　安樂公主寵溺豪奢，胡作非為，「侯王柄臣多出其門」[60]。安樂公主竟然私撰詔書，拿至中宗面前，以手掩其內容，讓中宗簽名，中宗也就笑而從之。

　　神龍三年七月六日（辛丑，西元707年8月7日），太子李重俊與兵部尚書魏元忠經過一番密謀，遂率左羽林大將軍李多祚、右御林將軍李思沖、李承況、獨孤褘之、沙吒忠義等，「矯制發左右羽林兵及千騎三百餘人，殺三思及崇訓於其第，並殺黨與十餘人」[61]。又指使左金吾衛大將軍、成王李千里與其子、天水王李禧分兵把守宮城諸門，然後「自率兵趨肅章門，斬關而入，求韋庶人及安樂公主所在。又以昭容上官氏素與三思奸通，扣閤索之」[62]。韋后、安樂公主及上官婉兒聞變，挾持中宗登上玄武門樓躲避，同時命令左御林大將軍劉景仁等「率留軍飛騎及百餘人於樓下列守」[63]。頃刻之間，太子與李多祚率兵欲奔玄武門樓，不料，遭到在此守兵的阻攔。先是李多祚的女婿、前鋒總管、羽林中郎將野呼利被中宗身邊的宮闈令楊思勖斬首。站在玄武樓上的中宗看到太子之兵遲疑不進，推測其心有顧慮，故在樓上喊話：「汝並是我爪牙，何故作逆？若能歸順，斬多祚等，與汝富貴。」[64]於是，羽林軍反戈相擊，斬殺李多祚、李承況、獨孤褘之、沙吒忠義等於玄武樓下，餘眾隨即四處逃散。太宗之孫、左金吾大將軍、成王李千里與其子李禧率兵攻右延明門欲殺宗楚客等人，不料戰敗而死。太子李重俊無奈之下，忙率所餘之騎通過肅章門奔逃終南山。宗楚客遣果毅將軍趙思慎率騎兵追之。太子行至鄠縣（今陝西西安市鄠邑區）西十餘里時僅剩數騎，太子於林下休息時，驟不及防，被左

右襲殺，將首級獻與趙思慎，思慎攜太子首級歸報中宗。

更為可惡的是，昏庸的中宗竟「制令梟首於朝，又獻之於太廟，並以祭三思、崇訓屍柩」[65]。然後再懸首示眾。東宮屬僚，無人敢靠近太子頭顱，「唯永和縣丞寧嘉勖解衣裹太子首號哭，貶興平丞」[66]。

自李重俊發動宮廷政變後，上官婉兒這才感到後怕，「果索之，始憂懼」[67]。同時，也想起姨母之子、左拾遺王昱曾對其母親鄭氏所說之言。於是，她收斂了許多。

此次太子兵變之所以失敗，究其原因，是其黨羽人心不齊，關鍵時刻遲疑不戰，陰持兩端，致使貽誤戰機。

睿宗李旦即位後，下制褒贊：「重俊，大行之子，元良守器。往罹構間，困於讒嫉。莫顧鈇鉞，輕盜甲兵，有此誅夷，無不悲惋。今四凶鹹服，十起何追，方申赤暈之冤，以紓黃泉之痛。可贈皇太子。」[68]諡曰「節愍」，陪葬定陵。

（三）臨淄王李隆基之大明宮玄武門兵變

李隆基，睿宗李旦第三子。垂拱元年八月五日生於東都洛陽，母親竇德妃，系唐高祖李淵的皇后竇氏從兄竇抗的從孫女，潤州刺史竇孝諶第三女，竇氏「姿容婉順，動循禮則」[69]。光宅元年（684）被冊封為德妃。生李隆基、金仙公主及玉真公主。

長壽二年正月二日（癸巳，西元692年12月15日），李隆基母親竇德妃與劉妃一起來到嘉豫殿參拜婆婆武則天，「既退而同時遇害。」[70]葬處無人所知。

年幼的李隆基在失去母愛後，便由姨母（即李隆基生母的妹妹、唐肅宗李亨的皇后張氏的祖母）鞠養。

李隆基「性英斷多藝，尤知音律，善八分書」[71]。當他出生時，伯

父李顯（中宗）已被祖母武則天廢為盧陵王，父親李旦已經繼位，是為睿宗，但祖母臨朝稱制，逼迫父皇居於別殿。垂拱三年閏正月二日[72]，李隆基被封為楚王，時年僅三歲。

長壽元年（692）十月，李隆基出閣，開府置官屬。少年貴族出行，車騎前簇後擁，煞是威風。十月十五日清晨，是王公大臣朝拜之日，李隆基在車騎的簇擁下神氣活現地朝著朝堂過來，金吾衛大將軍武懿宗（武則天伯父武士逸之孫）望見後，立馬喝令金吾衛士上前阻攔，不料，年僅七歲的李隆基用佩劍挑開車簾厲聲喝道：「吾家朝堂，干汝何事？敢迫吾騎從！」[73]武則天聽說此事後，又將隆基入閣，說是更加寵愛，其實是被幽禁在了皇宮。

聖曆元年（698），李隆基再次出閣，並賜第於東都洛陽積善坊。神龍元年（705），遷衛尉少卿。

景龍元年七月六日，太子李重俊兵變失敗後，韋后黨羽欲將相王李旦和太平公主等人株連進去，幸賴諸臣力保，才得以倖免。當年中宗被貶房州時，每每聽說朝廷派員來此，便被嚇得尋死覓活，幸賴韋妃從中開導，總算度過危難。中宗出於感激，常常對韋妃說：「一朝見天日，誓不相禁忌。」[74]再加上朝政的腐敗，導致韋后一再攬權，安樂公主請為皇太女，種種跡象表明，李唐皇室將面臨著一場前所未有的政治大災難。

景龍二年（708）四月，衛尉少卿李隆基兼潞州（今山西長治）別駕。在潞州，有個身手矯捷、擅長射騎的人，名叫李守德，曾是別人家的奴僕。李隆基遂用五萬錢將其贖身，收為自己的護衛。後來，李守德與王毛仲同為李隆基的貼身保鏢。十二月，加李隆基銀青光祿大夫。

翌年八月，中宗於南郊舉行祭祀大典，李隆基兄弟借此機會回到長安，並住進了隆慶坊。此時此刻，圖謀大計的李隆基已經悄然開始了誅滅韋黨政治集團兵變前的準備。九月，太平公主和安樂公主各結朋黨，中宗感到萬分憂慮。

安樂公主與武崇訓所生的孩子才滿月，中宗和韋后便在其府第大赦天

下，並遣使相臣李嶠、文士宋之問、沈佺期、張說、閻朝隱等數百人賦詩讚美。當孩子長至數歲，中宗在韋后的慫恿下，加「**金紫光祿大夫、太常卿同正員、左衛將軍，封鎬國公，賜實封五百戶，以嗣其父**」[75]。

安樂公主見其姐姐長寧公主在宮外大肆營建府第，不僅在建築規模上完全模仿皇宮，甚至在精巧程度上也超過了皇宮。又見上官婉兒也在宮外大肆營建宅第，在安樂公主的哭鬧下，中宗便在金城坊再賜其府第一所，待建成後，極為豪華壯麗宏觀，國庫幾乎為之空竭。

當時，長安有一處昆明池，是漢武帝時開鑿的，安樂公主特別喜歡。於是，就請求中宗再將其賜賞給她，「**上以百姓蒲魚所資，不許。公主不悅，乃更奪民田作定昆池，延袤數里，累石象華山，引水象天津，欲以勝昆明，故名定昆。**」[76]

在洛州（今河南洛陽市）昭成佛寺裡，還有公主建造的一隻百寶香爐。在香爐體上鏤滿怪獸神禽，間以璪貝珊瑚，觀者匝舌。

容質秀絕的安樂公主在穿戴上自然也奢侈到了極點。她有兩件百鳥羽毛織裙，正看是一種顏色，側看又是一種顏色；日光下看是一種顏色，月光下看又是一種顏色，並且百鳥之狀皆現，上面綴有穀粒大小的花卉和鳥獸圖案，「**直錢一億**」[77]。安樂公主還將其中的一件孝敬給了自己的母親韋皇后，韋皇后也欣然笑納。公主又以百獸毛做韉面，韋皇后則幫其女兒收集羽毛，所做韉面皆具其鳥獸狀。

由於安樂公主帶頭作羽毛裙，一時宮裡宮外竟相效仿，致使江嶺奇禽異獸毛羽被采之一盡，直到開元年間，玄宗在殿前悉數焚燒百鳥毛裙之舉，才算剎住了這股不良風氣。

安樂公主恃寵放縱，仗勢欺人，與長寧公主、定安公主肆意掠奪民女為奴婢。左台侍御史袁從一實在看不過眼，將其逮捕，袁從一上書，企望中宗能大義滅親，但中宗不聽不問，袁從一心涼如水。

安樂公主真心期望自己的母親韋皇后能像自己的祖母武則天那樣臨朝

稱制，如果這樣的話，自己則完全能夠成為皇太女，而未來的江山皇權就可由她承繼、主宰。而此時的韋后最擔心的是怕自己與精於醫術的散騎常侍馬秦客、善於烹飪的光祿少卿楊均以及女婿武延秀之間的姦情敗露，於是，他們便在一起密謀除掉中宗。

景龍四年六月二日晚，安樂公主「**乃相與合謀，於餅餤中進毒**」[78]，中宗食之，暴崩於神龍殿。韋后秘不發喪，欲臨朝稱制。初三日，召諸宰相於朝中，又調集各府兵五萬人駐紮長安，指派駙馬都尉韋捷、韋灌、韋溫的族弟衛尉卿韋璿、左千牛中郎將韋錡、韋溫的侄子長安令韋播，以及韋溫的外甥、郎將高嵩負責統領。命中書舍人韋元負責巡察城中六街。又命左金吾衛大將軍趙承恩及左監門衛大將軍兼內侍薛思簡等統五百騎兵賓士均州（今湖北十堰市及丹江口市等地），以監視、防守中宗次子、譙王李重福（係宮人所生）興兵討伐。翌日，韋后召集文武百官為中宗發喪。並宣佈由她臨朝攝政，大赦天下，改元唐隆。同時又任命相王李旦為太尉。越二日，年僅十六歲的太子李重茂即位，史稱少帝。尊韋后為皇太后。宗楚客夥同太常卿武延秀、司農卿趙履溫、國子祭酒葉靜能及韋黨成員一起勸說韋太后沿用武則天的慣例登基。宗楚客又秘密上書韋太后，企圖謀害少帝，只是擔心相王李旦和太平公主從中作梗。於是，又與韋溫和安樂公主密謀除掉他們。

兵部侍郎崔日用平素依附韋后及韋黨政治集團，與宗楚客的私人交情也很深厚，當他得知宗楚客的陰謀之後，擔心自己會因此遇禍。於是，便「**遣寶昌寺僧普潤密詣隆基告之，勸其速發**」[79]。為了不連累父親相王，李隆基隱瞞了兵變計畫。

李隆基在獲取情報後搶先發難。首先決定策反玄武門羽林軍，萬騎營長葛福順、陳玄禮、李仙鳧紛紛表示願為兵變效力。其次廣交謀士，首先結交前朝邑縣尉劉幽求。為了方便出入宮禁，李隆基又結交了宮城苑中監鐘紹京，此外，還有折衝府都尉麻嗣宗、道士馮處澄及和尚普潤等。

為了萬無一失，李隆基還利用姑母太平公主與韋后之間的矛盾，派人

接觸太平公主，得到了太平公主的大力支持，還派自己的兒子薛崇簡協助李隆基兵變。

六月二十日申時，李隆基著便服與劉幽求進入禁苑去找鍾紹京，此時，鍾紹京已有反悔之意，便將李隆基拒之門外。在這緊要關頭，鍾紹京的妻子許氏說道：「忘身徇國，神必助之。且同謀素定，今雖不行，庸得免乎？」[80]鍾紹京聽後幡然醒悟，急忙開門向臨淄王行禮參拜，並延請入內相坐。

夜幕降臨之時，左右羽林軍將士全部駐紮在玄武門，萬騎營長葛福順和李仙鳧請求李隆基頒發起事標誌並下達命令。將近二更時分，劉幽求對葛福順說：「天意如此，時不可失！」[81]葛福順聽後直闖羽林營，將韋璿、韋播和高嵩斬首示眾。並朗聲喊道：「韋后毒殺先帝，陰謀危害社稷，今晚大家要協同起來，鏟除韋后及其黨羽，凡個頭高過馬鞭的人皆斬。事成後，擁立相王為帝，以順應天下民心。如果有人畏懼不前或幫助韋黨，一律夷誅三族。」眾將士齊喊從命！說完，葛福順將韋璿的首級送給李隆基，李隆基燈下驗視。在禁苑南門，鍾紹京率領工匠百餘人手持斧鋸前來。李隆基命葛福順率領左萬騎攻打玄武門，命李仙鳧率領右萬騎攻打白獸門，約定會師凌煙閣前，並大聲喊叫。三更時分，在太極殿守護中宗靈柩的衛兵聽到喧嘩聲後，全部披掛整齊，聽從李隆基的號令。韋后於睡夢中驚醒，疑懼之中逃入飛騎營中，被一個飛騎兵斬首，並將其首級獻給李隆基。此時，「安樂公主方照鏡畫眉，軍士斬之」[82]。又將駙馬武延秀斬於肅章門外，將內將軍賀婁氏斬於太極殿西。

在李隆基進宮繼續搜捕韋氏餘黨時，傾心依附中宗與安樂公主的上官婉兒手執燭光，率領宮人迎接，並「以制草示劉幽求」[83]，期免一死。劉幽求看後，便向李隆基為楚楚可憐的婉兒求情，李隆基剛斷不許，令將上官婉兒斬於旗下。

翌日，李隆基才出宮向父親相王謝罪。相王流著淚抱住李隆基說：「社稷宗廟不墜於地，汝之力也。」[84]隨後，李隆基在率軍迎接相王李旦

入宮輔佐少帝的同時，將太子少保、同中書門下三品韋溫斬於東市之北。中書令宗楚客身著喪服，騎著一頭青驢偽裝外逃，當他剛到通化門時，被門卒認出，笑呼道：「你是宗中書令吧？為何到此！」話落刀起，將其斬首。一同被斬的還有他的弟弟宗晉卿。

就在當天，少帝下詔，大赦天下。改封臨淄王李隆基為平王，主持內外閑廐事務和掌管左右廂萬騎兵。以鐘紹京為中書侍郎，劉幽求為中書舍人，二人均有參與國家大事的資格。又命麻嗣宗為右金吾衛中郎將。

這次兵變的直接後果是，即位不足一月的李重茂退位，而將不喜掌權管事，喜歡清靜無為的相王李旦被推上帝位，是為睿宗。睿宗明白，復位全然仰仗了三郎李隆基和其妹太平公主，為了平衡姑姪倆之間的政治關係，遂立李隆基為皇太子。與此同時，太平公主的權勢愈加強大，其主要成員有竇懷貞、蕭至忠、岑羲、崔湜、常元楷、李慈、李欽、賈膺福等。

（四）宦官李輔國、程元振之大明宮玄武門兵變

宦官，俗稱太監，是中國古代專供皇帝、君主及其家族役使的官員。自東漢開始，則全為被閹割後失去性能力而成為不男不女的人，故又稱寺人、閹人、宦者、中官、內官、內臣、內侍、內監等。唐太宗朝對宦官限制很嚴，規定內侍省宦官最高官階為三品，數額亦有限制。太宗駕崩，制度漸弛。到中宗朝宦官增至三千名，被授七品以上者多達千人。

唐朝宦官專權始於唐玄宗重用高力士。僅四五品者就在千人以上，授三品左（右）監門將軍銜者大有人在。宦官專權是中央集權制的必然產物，也是朝政走向腐敗的主要表現。

李輔國（704—762），本名靜忠，肅宗朝大宦官，也是唐代第一個當上宰相的宦官。「少為閹，貌陋，粗知書計。為僕，事高力士，年且四十餘，令掌廐中簿籍。」[85]天寶十四載十一月九日（甲子，西元755年12月16日），身兼范陽、平盧、河東三鎮節度使的安祿山（703—757）趁唐朝

內部空虛腐敗，聯合同羅、奚、契丹、室韋、突厥等族組成共十五萬士兵（號稱二十萬），以「憂國之危」、奉密詔討伐楊國忠為藉口，在范陽起兵，逼近長安，「安史之亂」爆發，玄宗幸蜀，至馬嵬驛（今陝西興平市馬嵬鎮），隨從的六軍將士滿腹牢騷。龍武大將軍陳玄禮忙派李輔國轉告太子李亨。就在太子猶豫之時，憤怒的六軍將士發動了兵變，斬殺了楊國忠，並用槍挑其首級於驛門外。被殺的還有楊國忠的兒子戶部侍郎楊暄、御史大夫魏方進，以及韓國夫人。玄宗被迫割恩正法——縊殺楊貴妃於佛堂前梨樹下後，兵分兩路，李輔國便隨太子李亨北趨朔方，收河西、隴右之軍。

至德元年七月十二日，太子李亨在靈武城南樓即帝位，是為肅宗，群臣拜舞，「尊玄宗為上皇天帝，赦天下，改元。」[86]肅宗性格懦弱，見李靜忠忠心擁戴，便視其為心腹，賜名「護國」，後又改名「輔國」，軍國大事皆委託於他。翌年十二月，李輔國隨肅宗還京後，被「加開府儀同三司，進封郕國公，食實封五百戶。」[87]

李輔國自恃定策之功，大權在握，愈加專橫，「宰臣百司，不時奏事，皆因輔國上決。」[88]天下所有大事，全取決於李輔國，朝臣所奏之事，口出為制敕，先付外施行，然後才奏明天子。為了準確地掌握朝臣們的政治動機和思想動向，李輔國還專門派出幾十人負責監督官員的一舉一動。對於那些不順從的官員則進行嚴厲的打擊和迫害。李輔國還根據自己的好惡處理全國的訟案，凡「府縣按鞫，三司制獄，必詣輔國取決，隨意區分，皆稱制敕，無敢異議者。」[89]並以「皇意」標榜。至於地方上的節度使，也是由李輔國一手委派。

李輔國權傾朝野，宰相及朝中大臣想見皇帝都須經過李輔國的安排，皇帝的詔書也需要李輔國署名才能施行，群臣不敢提出不同意見。李輔國出徆，則有甲士數百人扈從侍奉。宗室貴人對李輔國都以「五郎」尊之，當時的宰相李揆，系山東甲族，位居台輔，「見輔國執子弟之禮，謂之五父。」[90]

　　肅宗與李輔國最懼怕玄宗復位，李輔國曾對肅宗言道：「上皇居興慶宮，日與外人交通，陳玄禮、高力士謀不利於陛下。今六軍將士盡靈武勳臣，皆反仄不安，臣曉喻不能解，不敢不以聞。」[91]為了削弱太上皇身邊威脅自己的力量，李輔國趁肅宗病重之機，矯詔強行把太上皇從南內興慶宮遷往西內太極宮。

　　上元元年七月十九日，李輔國偽稱肅宗詔令，欺騙太上皇到太極宮遊玩，當太上皇騎馬行至睿武門夾城時，卻被突然而至的李輔國率領的殿前五百名手執兵刃的騎兵攔住了去路。「上皇驚，幾墜。」[92]只見李輔國傲慢地說道：「皇帝以興慶宮湫隘，迎上皇遷居大內。」[93]玄宗聽後，驚得差點從馬背上掉落下來。高力士連忙上前扶住，並厲聲喝斥李輔國，李輔國不覺失轡下馬，手起刀落，竟將高力士身邊的一名小宦官砍死。面對李輔國的威脅，高力士毫不懼色，直接對那五百騎兵喊話：「諸位敢在太上皇面前拔刀攔路，難道就不怕犯王法嗎？」高力士的慨然正色把李輔國和五百騎兵都給鎮住了，只見他們慌忙收刀下馬，跪倒在地，齊呼萬歲。局面穩定後。高力士威逼李輔國與他一左一右牽著太上皇的馬，把太上皇平安地護送到了太極宮甘露殿。從此，太上皇被幽禁於太極宮。事後，肅宗另選百餘名宮女負責宮內的灑掃，又命太上皇的兩個女兒萬安公主和咸寧公主侍奉左右。而對李輔國的矯詔和不恭行為，肅宗不但沒有責怪李輔國，反倒還安慰他幾句。

　　高力士如此挺身保護太上皇，自然引起了李輔國的不滿。同月二十八日，李輔國以「潛通逆黨」的罪名將高力士流放巫州（今湖南黔陽西南）；陳玄禮被勒令致仕；玉真公主也出居玉真觀。剩下玄宗隻身一人，煢煢獨處，形影相弔，好不淒慘。晚年的太上皇終日憂鬱寡歡。唐肅宗至德元年四月五日，李隆基駕崩於神龍殿，終年七十八歲，葬於泰陵（今陝西蒲城縣東北金粟山所屬的尖山之陽）。同年四月十八日，病中的肅宗，因父皇離世哀慕至極，導致病情加劇，駕崩於長生殿，終年五十二歲，葬於建陵（今陝西醴泉縣城北的武將山）。

　　對於李輔國的不法行為，宗室李峴多次向肅宗舉報，然而，在李輔國的操縱下，肅宗卻把李峴貶出了京城。一手遮天的李輔國企圖做大唐王朝的第一位宦官宰相，暗示宰相裴冕等人聯名推薦，肅宗得知後，密令宰相蕭華制止，李輔國為此懷恨在心，多次在肅宗面前誣陷蕭華專權，並威逼肅宗用自己的親信、戶部侍郎元載取代了蕭華的相位，貶蕭華為禮部尚書，代宗即位後，竟將蕭華貶出京城。刑部尚書顏真卿率百官向太上皇請安，李輔國貶其為蓬州（今四川儀隴南）長史。

　　自此，李輔國驕縱日甚，竟肆無忌憚地公開對代宗說：「**大家但內裡坐，外事聽老奴處置。**」[94]代宗聞此僭君之言，心中感到不滿，決意要將李輔國翦除。於是，代宗一邊表面尊稱其為尚父，再加李輔國司空、中書令，食實封八百戶，並「**政無巨細，皆委參決**」[95]。另一邊私下秘密聯絡宦官程元振，命其代元帥府行軍司馬，掌禁軍，奪取李輔國的兵權，進封博陸郡王。不久，又派人於深夜行刺李輔國，將其頭顱割下扔到溷廁中。代宗「**敕有司捕盜，遣中使存問其家，為刻木首葬之，仍贈太傅。**」[96]

　　代宗即位，以功拜程元振飛龍副使、右監門將軍、上柱國，知內侍省事。全面掌管著皇宮的兵權。不久，再「**加鎮軍大將軍、右監門衛大將軍，封保定縣侯，充寶應軍使**」[97]。九月，再遷驃騎大將軍，進封邠國公。權勢顯赫到無以復加的程度，可以擢升官吏，可以處死將軍，軍中呼其為十郎。

　　在此之前，程元振曾企圖籠絡襄陽節度使來瑱為親信，而來瑱不肯附會。程元振唆使王仲昇誣陷來瑱，二人同向代宗進讒言。代宗惱怒，免除來瑱的官爵，貶為播州縣尉。來瑱行至途中時，代宗下詔將其賜死。來瑱部下梁崇義擔任襄州（今湖北省襄陽市）刺史、山南東道節度留後時，給來瑱建祠堂，四季祭祀，並上奏朝廷請求按禮改葬，代宗下詔同意，並恢復來瑱的官爵。另有大臣裴冕，被程元振嫁禍貶為施州（大致相當於今湖北省恩施土家族苗族自治州）刺史。還有同華節度使李懷讓，受程元振誣陷，憂憤自殺。從此，各鎮節度使、大將為避權奸謀害，擁兵自重，並且

疏遠了朝廷。而程元振仍自鳴得意。

　　廣德元年（763）十月，各地節度使、將軍因不滿代宗寵信程元振，而無人應命出兵勤王，致使吐蕃軍攻下長安，代宗星夜出逃陝州（今河南三門峽市陝州區）。到達行都時，太常博士、翰林待詔柳伉向代宗上疏切諫，請求誅殺程元振以謝天下。代宗不肯斬殺程元振，只令盡削官爵，放歸田里。十二月，代宗從陝州返京，程元振又從家鄉三原潛入長安，企圖再見皇帝以求任用。在與御史大夫王升飲酒後遭到彈劾，代宗這才下令將其流放溱州（今河南省淮河以北及汝河、洪河中下游地區），行至江陵（今湖北省江陵縣）時，被仇家所殺。

　　李輔國之所以敢為所欲為，還得益於與肅宗張皇后的勾結。張皇后與李輔國內外相應，控制政權。他們對不利於自己的人，無論是高官還是顯貴都是除之而後快。肅宗第三子、建寧王李倓「性英果，有才略」[98]。盡心輔佐太子廣平王李豫，深得肅宗的歡心。然而，由於張皇后和李輔國的中傷，以致最後肅宗詔令賜死建寧王。李輔國與張皇后的狼狽為奸是為了各自的利益。可是在肅宗病重期間，李輔國與張皇后在決定由誰繼承皇位的問題上發生了矛盾衝突。李輔國支持太子李豫登基，而張皇后則支持越王李係即位。

　　寶應元年（762）四月，玄宗憂鬱而死，肅宗病情危在旦夕，張皇后急召太子李豫入宮，欲與太子聯手誅殺李輔國和程元振，太子不肯。張皇后見其不可與之共謀，但又懼怕太子即位後於己不利，等太子走後，急召越王李係入宮：「太子仁弱，不能誅賊臣，汝能之乎？」[99]越王滿心歡喜地滿口答應。於是，李係便命內謁者監段恒俊挑選勇敢果斷宦官二百多人，並在長生殿後授予他們鎧甲。張皇后欲在十六日矯詔太子，不料此陰謀被程元振覺察，程元振便悄悄地告訴了李輔國，他們便在陵霄門（大明宮北面宮門之一，又稱青霄門，位於宮城北面正中玄武門以西355米處）埋下伏兵，等太子來到後，程元振告訴他皇后發難。隨即命將太子送至飛龍廄保護起來，當天夜裡，李、程率軍來到三殿，逮捕並囚禁越王李係、段

恒俊及掌管內侍省事務的朱光輝等一百多人,「以太子之命遷后於別殿」
[100]。此時,使者逼張皇后及左右數十人離開肅宗臥病的長生殿,並幽禁在
后宮,宦官宮人紛紛逃散。同月十八日,肅宗駕崩,李輔國等人殺害張皇
后、越王及袞王。「是日,輔國始引太子素服於九仙門與宰相相見,敘上
皇晏駕,拜哭,始行監國之令」[101]。太子李豫在李輔國等宦官的擁戴下,
於肅宗樞前即位,是為代宗。史稱「陵霄門之變」(《舊唐書·代宗本
紀》記為「淩霄門」)。

(五)結語

　　上古時期,帝位傳承制度比較混亂,有禪讓,有父死子繼,有兄終弟
及等。到了漢朝,帝位傳承被明確為立嫡以長,如無嫡長以立,則立賢。
縱觀唐朝,經秦王李世民一鬧一折騰,混亂到無以復加的地步:兵變、篡
位、謀奪、廢立、擁立、勸進等多種形式,尤其是中後期,宦官擁立皇帝
的例子較多、宦官權臣廢立太子的情況也多常見。據不完全統計,中國古
代歷史上主要朝代共出現過17位真正的太上皇(又稱太上皇帝),而唐朝
居然佔據了4位,即高祖李淵、睿宗李旦、玄宗李隆基、順宗李誦,其中高
祖、睿宗的太上皇位均與玄武門兵變有關,而玄宗的太上皇之位來得比較
特殊。唐朝的皇太弟、皇太叔繼位在其它朝代鮮有所見。

注釋：

[1][2][3]後晉・劉昫，《舊唐書》卷二，〈太宗本紀上0〉，北京：中華書局，1975年，第21—22頁。

[4]北宋・司馬光編著，《資治通鑑》卷一八五，唐高祖武德元年五月條。北京：中華書局，2009年（精裝本，全18冊），第7688頁。

[5]《資治通鑑》卷一八五，唐高祖武德元年七月條，第7698頁。

[6]《資治通鑑》卷一八八，唐高祖武德三年夏四月條，第7796頁。

[7][8]《舊唐書》卷二，〈太宗本紀上〉，第28頁。

[9][10][11][12]《資治通鑑》卷一九〇，唐高祖武德五年十一月條，第7884頁。

[13][14]《資治通鑑》卷一九〇，唐高祖武德五年十一月條，第7882頁。

[15]《資治通鑑》卷一九〇，唐高祖武德五年十一月條，第7886頁。

[16][18][19]北宋・歐陽脩、宋祁等撰，《新唐書》卷七十九，〈高祖諸子〉，北京：中華書局，1975年，第3546頁。

[17]《資治通鑑》卷一九一，唐高祖武德七年六月條，第7912頁。

[20][21][22][23][28]《資治通鑑》卷一九一，唐高祖武德七年七月條，第7918頁。

[24][25][26][27]《舊唐書》卷六十四，〈高祖二十二子〉，第2417頁。

[29]《資治通鑑》卷一九一，唐高祖武德七年六月條，第7914頁，

[30][31][32]《資治通鑑》卷一九一，唐高祖武德九年六月條，第7940頁。

[33][34]《舊唐書》卷六十四，〈高祖二十二子〉，第2422頁。

[35]《資治通鑑》卷一九一，唐高祖武德九年六月條，第7942頁。

[36]《資治通鑑》卷一九一，唐高祖武德九年六月條，第7944頁。

[37][38][39][40][41][42]《資治通鑑》卷一九一，唐高祖武德九年六月條，第7948頁。

[43][44]《資治通鑑》卷一九一，唐高祖武德九年六月條，第7950頁。

[45]《舊唐書》卷八十六，〈高宗中宗諸子〉，第2837頁。

[46][47]《新唐書》卷八十一，〈三宗諸子〉，第3595頁。

[48]《舊唐書》卷八十六，〈高宗中宗諸子〉，第2837—2838頁。

[49]《資治通鑑》卷二〇三，武則天光宅元年（684）一月條，第8458頁。

[50]《資治通鑑》卷二〇三，武則天光宅元年（684）二月條，第8458頁。

[51]《資治通鑑》卷二〇六，武則天聖曆元年（698）三月條，第8588頁。

[52]《資治通鑑》卷二〇七，唐中宗神龍元年（705）正月條，第8662頁。

[53]《新唐書》卷七十六，〈后妃上〉，第3488頁。

[54]《資治通鑑》卷二〇八，唐中宗神龍元年二月條，第8670頁。

[55]《新唐書》卷二〇六，〈外戚〉，第5841頁。

[56][67]《新唐書》卷七十六，〈后妃上〉，第3488頁。

[57]《資治通鑑》卷二一〇，唐睿宗景雲元年十二月條，第8778頁。

[58][76][77]《資治通鑑》卷二〇九，唐中宗景龍二年七月條，第8722頁。

[59]《資治通鑑》卷二〇九，唐中宗景龍二年七月條，第8724頁。

[60]《新唐書》卷八十三，〈諸帝公主〉，第3655頁。

[61][62][63][64][65][68]《舊唐書》卷八十六，〈高宗中宗諸子〉，第2838頁。

[66]《資治通鑑》卷二〇八，唐中宗景龍元年七月條，第8706頁。

[69][70]《舊唐書》卷五十一,〈后妃上〉,第2176頁。

[71][73]《舊唐書》卷八,〈玄宗本紀上〉,第165頁。

[72]《資治通鑑》,卷二〇四,武則天垂拱三年閏正月條。第8488頁。按:
　　《舊唐書》卷八《玄宗本紀上》謂「閏七月丁卯」,誤。中華書局,
　　1975年,第165頁。

[74]《舊唐書》卷五十一,〈后妃上〉,第2173頁。

[75]《舊唐書》卷一八三,〈外戚〉,第4734頁。

[78]《資治通鑑》卷二〇九,唐睿宗景雲元年六月條,第8748頁。

[79][80]《資治通鑑》卷二〇九,唐睿宗景雲元年六月條,第8752頁。

[81][82][83]《資治通鑑》卷二〇九,唐睿宗景雲元年六月條,第8754頁。

[84]《資治通鑑》卷二〇九,唐睿宗景雲元年六月條,第8756頁。

[85]《舊唐書》卷一八四,〈宦官·李輔國傳〉,第4759頁。

[86]《資治通鑑》卷二一八,唐肅宗至德元年七月條,第9172頁。

[87][88][89][90]《舊唐書》卷一八四,〈宦官·李輔國傳〉,第4760頁。

[91][92][93]《資治通鑑》卷二二一,唐肅宗上元元年六月條,第9302—
　　9304頁。

[94][95][96]《舊唐書》卷一八四,〈宦官·李輔國傳〉,第4761頁。

[97]《舊唐書》卷一八四,〈宦官·程元振〉,第4762頁。

[98]《資治通鑑》卷二一八,唐肅宗至德元年九月條,第9186頁。

[99]《資治通鑑》卷二二二,唐肅宗寶應元年四月條,第9332頁。

[100][101]《資治通鑑》卷二二二,唐肅宗寶應元年四月條,第9334頁。

三、唐朝公主及其婚姻攷論

婚禮，古稱「昏禮」，即婚娶之禮。古時於黃昏舉行，取其陰來陽往之義，故稱。婚禮乃「萬倫之始」。「嫁者，家也，婦人外成，以出適人為家。」[1]《禮記·昏義》云：「昏禮者，將和二姓之好，上以事宗廟，而下以繼後世也，故君子重之。」[2]先秦時期的婚禮於黃昏舉行，不舉樂，不慶賀，重的是夫婦之義與結髮之恩。在「五禮」中，昏（婚）禮屬嘉禮之一，是繼冠禮（漢族男子成人禮）、笄禮（漢族女子成人禮）之後的第二個人生里程碑，故亦謂「人倫之禮」。在封建社會的皇權體制中，皇室婚姻的主流依然是為皇權政治服務的，即皇權政治的籌碼。

唐朝歷經十四世二十一帝289年，諸帝共213女。其中：高祖19女，太宗21女，高宗4女，中宗8女，睿宗11女，玄宗30女（《新唐書》卷八十三少計1女），肅宗7女，代宗18女，德宗11女，順宗11女，憲宗18女，穆宗8女，敬宗3女，文宗4女，武宗7女，宣宗11女，懿宗9女（據清末陸心源《唐文拾遺》卷三十四），僖宗2女，昭宗11女。

在諸帝公主中，蚤薨（早逝）者39女，出嫁者130女，終身未嫁者1女，僅記公主名號者33女，丐（乞求）為道士者11女。在出嫁的130位公主中，初嫁者103女，二嫁者23女，三嫁者4女。另有和親（蕃）「真公主」6人。

和親，亦稱「和蕃（合番）」，「是指兩個不同民族政權或同一種族的兩個不同政權的首領出於『為我所用』的目的所進行的聯姻。」[3]「四夷一家，愛之如一」是唐朝統治者繼西漢之後處理民族事務的基本方針。其和親的目的是分化、瓦解、削弱和控制少數民族政權，摒仇棄怨，以敦和睦。據現有文獻統計，從太宗到僖宗朝（627－888）約260年間，唐與少數民族及其屬國正式和親共30次，唯6人為真公主：其一衡陽公主，唐高祖李淵第14女，貞觀十年（636）後嫁於突厥阿史那社爾[4]。其二九江公主，唐高祖李淵第8女，約在貞觀二十二年（648）八月後，嫁於東突厥酋長執失思力[5]。其三蕭國公主，唐肅宗李亨次女。始封寧國公主。先嫁鄭巽，又

嫁薛康衡。乾元元年七月十七日，詔嫁回紇英武威遠毗伽（關）可汗[6]。其四咸安公主（燕國襄穆公主），唐德宗李適第8女，貞元四年十月二十六日，嫁於回紇武義成功可汗、忠身（貞）可汗、奉誠可汗及懷信可汗（天親可汗頓莫賀）[7]。其五太和公主，唐憲宗李純第17女（唐穆宗第10妹），長慶元年五月二十八日，嫁於回紇崇德可汗[8]。其六安化公主，唐懿宗李漼次女。中和三年（883）九月後，嫁於南詔王隆舜（南詔聖明文武皇帝）[9]。

　　公主，乃古代帝王、諸侯之女的稱號。據文獻記載，最早稱周朝天子的女兒為王姬。公主之稱則始於春秋戰國。《史記·呂后本紀》裴駰集解引如淳曰：「《公羊傳》曰『天子嫁女子於諸侯，必使諸侯同姓者主之』，故謂之公主。」[10]《春秋指掌碎玉》曰：「天子嫁女，秦漢以來，使三公主之，故呼公主也。」

　　中國古代，女兒出嫁必須由自己的父親主婚。周天子嫁女時，因其貴為天子，不能親自出面做這些事情，便請同姓中地位最高的「公」來主持婚禮（當時各諸侯國的諸侯都稱之為「公」）。「主」就是「主婚」之意，因為是諸侯（公）主婚，故天子的女兒就被稱為「公主」了，此即「公主」之稱的來歷。當時諸侯的女兒也被稱為「公主」，也稱「郡主」。《史記·孫子吳起列傳》載：「公叔為相，尚魏公主……」[11]即公叔當了國相，娶魏國諸侯的女兒為妻。從西漢開始，只有皇帝的女兒纔能被稱為「公主」，「漢制天子女為公主，姊妹曰長公主，帝姑為大長公主」[12]，而諸侯王的女兒則被稱為「翁主」[13]。自此以後歷代沿稱，惟北宋徽宗時崇尚周代古制，曾改稱「公主」為「帝姬」。

　　公主的婚配對象稱「駙馬」，俗稱「帝婿」。駙馬原是官職名稱，始置於漢武帝時，全稱為「駙馬都尉」，駙，即「副」。駙馬都尉即皇帝出行時掌副車之馬，俸祿二千石，實為皇帝的侍從。一般由皇室、諸侯、外戚及世族子弟擔任，常被用作加官。東漢置員五人，名義上隸屬光祿勳。魏晉沿制，常以此官授帝婿，與奉車都尉、騎都尉並稱「三都尉」，多用

作宗室、外戚、功臣之子、貴族及親進之臣的加官，或亦加於尚公主者。東晉及南朝隸屬集書省（掌規諫、評議、駁正違失等事，為皇帝的侍從顧問機構），既無實職，又無定員。至梁、陳漸成規制，專加尚公主者。北朝略同，即使位居卿尹，此號亦不去。北魏太和十七年（493）定為從四品上，二十三年（499）改為六品。北齊和隋初皆為從五品，隸屬左、右衛府。隋開皇六年（586）罷奉朝請。奉車、駙馬並廢。唐復置，為從五品下，無定員。宋為正五品，遼為皇族帳官，金為正四品。明代規定，凡尚大長公主、長公主及公主者皆加此號，位居侯爵下伯爵上，清朝改稱「額駙」。

　　本文綜合相關文獻記載，試就唐朝公主的性格類型、婚姻特點，以及婚後的家庭生活等狀況進行一番梳理。

（一）唐朝公主的婚姻特點

　　唐朝婚姻的基本形式仍然是一夫一妻制。但親王和五品以上官員，可置媵三至十人。唐朝婦女的婚嫁年齡一般規定在十五歲左右，早則十三歲，晚則十七歲。屆時不婚者，官府強令婚嫁。作為帝王之女的公主，其婚姻首先是出於皇權方面的考慮，這種被蒙上濃厚政治色彩的婚姻被稱為「政治聯姻」，或稱「強強聯姻」。鮮卑貴族乃西魏、北周政權的執掌者，宇文泰作為西魏「八大柱國」的總統帥，在進入秦地關中之後，果斷地將隨他一起奔赴而來的漢人將領一律改為鮮卑姓氏。借此手段盟結成一個以關隴貴族為根據地的軍事集團。

　　高祖時，公主的駙馬多為關隴貴族之後，或為功臣勳貴之後。太宗時曾禁止這種通婚，史稱「禁婚家」。高宗、中宗及武周時，雖不十分強調婚姻上的門當戶對，但依然崇尚舊門閥士族風氣。高宗曾將自己的長女義陽公主（蕭淑妃所生）下嫁權毅，將次女高安公主下嫁潁州刺史王勖，將幼女太平公主（武則天所生）下嫁薛紹，中宗將自己的長女新都公主下嫁武延暉，將次女宜城公主下嫁裴巽，將第三女定安公主下嫁王同皎，將第

七女永泰公主以郡主（後追諡為永泰公主）身份下嫁武延基。睿宗以後，公主在選擇駙馬時又開始講究門第。直至晚唐，士族子弟仍是皇室駙馬的上選。

▲ 圖4　唐宮女圖──唐乾陵永泰公主墓出土（陝西乾縣）

　　公主的婚禮如同太子納妃，皆為舉國慶典。氣派、宏大、豪華、隆重。開耀元年（681）七月，適逢太平公主出嫁，「特承恩寵」[14]。高宗吟賦〈太子納妃太平公主出降〉詩以記其事：「龍樓光曙景，魯館啟朝扉。豔日濃妝影，低星降娿輝。玉庭浮瑞色，銀榜藻祥徽。雲轉花縈蓋，霞飄葉綴旗。雕軒迴翠陌，寶駕歸丹殿。鳴珠佩曉（一作繞）衣，鏤璧輪

開（一作初）扇。華冠列綺筵，蘭醑申芳宴。環階鳳樂陳，玳席珍羞薦。蝶舞袖香新，歌分落素塵。歡凝歡懿戚，慶葉慶初姻。暑闌炎氣息，涼早吹疏頻。方期六合泰，共賞萬年春。」[15]奢侈與豪華並舉，隆重與熱鬧相弛，令人嘆為觀止。

　　另外，公主出嫁還可獲得優厚的賞賜，除宅第外，還有食邑、奴婢及妝粉錢等。

（二）唐代公主的類型

　　公主乃后宮的金枝玉葉。被父母視為掌上明珠。公主在婚嫁前，一直都住在皇宮或王府，過著鐘鳴鼎食的富貴生活，而一但要婚嫁，官府則會在宮城為其另闢新宅。離開皇宮或王府的公主繼之而來的便是新組合的家庭、家庭感情、家庭倫理以及社會交際等諸多現實問題。公主生父生母涵養性格的不同，則直接影響著公主德操的不同；公主德操的不同，則又直接影響其性格不同；公主性格的不同，則直接導致其意向的不同。

1. 巾幗英雄型

　　巾幗，本指古代貴族婦女在祭祀大典時所戴的一種用絲織品或髮絲製成的頭巾式的頭飾，這種頭飾的名目比較繁多，如：用細長馬尾製作的叫「剪氂幗」；用黑中透紅顏色製作的叫「紺繒幗」。因「巾幗」係高貴飾品，故稱女中豪傑為「巾幗英雄」。

　　在中國歷史上，自商至清三千多年間，婦好、花木蘭、呂母、遲昭平、冼夫人、平陽公主、梁紅、唐賽兒、秦良玉及馮婉貞被譽為十大巾幗英雄。也就是說，平均三百多年纔能出現一位巾幗英雄。在唐朝的213位公主中，此僅平陽公主一人。

　　平陽公主，高祖李淵第三女，寶皇后所生。隋末天下大亂，公主與駙馬柴紹時居京城長安。太原留守李淵時常牽掛著家人的安全，隋大業

十三年（617）五月，李淵在與次子李世民起兵前夕，秘密派人召請柴紹夫婦。柴紹一往深情地對公主說，「岳父大人將舉義旗，開創大業，我已決定積極回應。鑒於眼下的局勢，你我不能同時離開京城，如果留下你，恐會招致殺身之禍，該如何是好呢？」公主聽後，力勸駙馬柴紹不要以兒女私情為重，應以天下大業為己任。就在柴紹奔赴太原的途中，「**公主乃歸鄠縣（今陝西西安市鄠邑區）莊所，遂散家資，招引山中亡命，得數百人，起兵以應高祖。**」[16]不料，公主的隊伍遭到京都隋軍的追擊，危難時刻，胡賊何潘仁在司竹園聚集了一大批人，自稱頭目，與隋軍奮勇作戰。戰鬥一結束，平陽公主立即派遣家僮馬三寶前去遊說何潘仁歸降，何潘仁同意，就在他們聯手攻佔鄠縣後，公主又派馬三寶前去收編強盜李仲文、向善志及丘師利的武裝力量，李仲文他們各率數千人甘願歸順公主。使得公主聲威大振。隨後，這支隊伍聲勢浩大，勢如破竹，連續攻佔了周至、武功、始平（今陝西興平市）等地，順利進入長安，以接應李淵的起義隊伍。

平陽公主目睹這支由烏合之眾組建起來的隊伍，本身缺乏嚴明的軍紀，故所到之處，「**每申明法令，禁兵無得侵掠，故遠近奔赴甚眾，得兵七萬人。**」[17]平陽公主遂派使者快馬加鞭趕赴太原，將此消息及時報告給父親李淵，李淵聽後大喜。同年九月，李淵率義軍強渡黃河，首先控制關中，進而攻佔長安。時公主率領數萬精兵在渭北與其二兄秦王李世民會師。李淵又派遣駙馬柴紹率百騎奔赴華陰，以迎公主。又特許公主與駙馬各置幕府，公主的隊伍號稱娘子軍。同年十一月，各路兵馬會合，一舉攻克長安。滅隋建唐後，她被封為平陽公主。又因「**以獨有軍功，每賞賜異於他主**」[18]。

武德五年十月一日，高祖詔命齊王李元吉統兵討伐劉黑闥，平陽公主便率兵在葦澤關（位於今山西與河北省際交界處）駐守設防。後世為了緬懷巾幗英雄平陽公主的豐功偉績，遂改「葦澤關」為「娘子關」。娘子關歷來為歷代兵家必爭之地，故有「萬里長城第九關」之稱。現存關城為明嘉靖二十一年（1542）所築，有東關門及南關門，東關門上題「直隸娘子

關」五字額，明人王世貞曾佇立關頭，感慨萬千，遂以〈娘子關〉為題吟道：「夫人城北走降氏，娘子關前高義旗；今日關頭成獨笑，可無巾幗贈男兒。」娘子關現已成為人們尋芳吊古之勝地。

武德六年（623）二月，平陽公主去世，高祖「詔加前後部羽葆鼓吹、大輅、麾幢、班劍四十人、虎賁甲卒」[19]。時有太常寺官員上奏：按照禮儀，婦人葬禮不能使用鼓吹儀仗。高祖說：鼓吹就是軍樂，公主生前親臨疆場，擂鼓鳴金，輔成帝業，勛功卓越，從古到今何嘗有過這樣的女子？今以軍禮送葬公主，還有什麼不可以的？高祖用「鼓吹、軍禮」等儀仗意在表彰公主的特殊功績，又詔令贈公主諡號曰「昭」（按諡法：聲聞宣遠曰昭；明德有功曰昭；高朗令終曰昭；智能察微曰昭；德輝內蘊曰昭；柔德有光曰昭）。

平陽公主以其赫赫軍功，成為名垂青史的巾幗英雄！同時，又是中國歷史上唯一一位由軍隊送葬的女子。

2. 秀外慧中型

仁、孝、賢、惠是中華傳統文化的基本觀念和社會倫理關係的具體表現。「常存仁孝心，則天下凡不可為者，皆不忍為，所以孝居百行之先。」[20]在唐朝，秀外慧中型的公主為數較多，典型的主要有襄城公主、和政公主、漢陽公主、岐陽公主（卒諡莊淑大長公主）及廣德公主。

襄城公主

襄城公主，唐太宗李世民長女，生母不詳。下嫁蕭瑀長子蕭銳。襄城公主「性孝睦，動循矩法，帝敕諸公主視為師式」[21]。依例，公主出嫁後不能住在駙馬家，而要新建公主府。「有司告營別第，辭曰：『婦事舅姑如父母，異宮則定省闕。』止葺故第，門列雙戟而已。」[22]意思是說：「兒媳對待舅姑（古代兒媳對公公、婆婆的稱呼）應該像對待自己的父母一樣，早晚侍奉在身邊，如果不住在一起，那麼晨昏定省的禮節就會缺

失。」於是，只是整修了位於開化坊的蕭府，門列雙戟以符合公主府的標準。蕭銳性慈，沉毅有大量，善作隸書。襲父爵為宋公，封襄城公，死於恒州刺史任上。襄城公主更嫁姜行本之子姜簡。永徽二年（651），公主去世，「高宗舉哀於命婦朝堂，遣工部侍郎丘行淹馳驛弔祭，陪葬昭陵。喪次故城，帝登樓望哭以送柩。」[23]

和政公主

　　和政公主，肅宗第三女。生於開元十七年（729），生母吳氏（代宗李豫即位後追封為章敬皇后）。和政三歲時，生母不幸去世，由韋妃撫養。「公主性敏惠，事妃有孝稱。」[24]後下嫁柳潭。天寶九載（750），被冊封為郡主，十五載（756）七月，晉封為和政公主。遷駙馬都尉柳潭為銀青光祿大夫、太僕卿。

　　天寶十四載（755），安祿山攻陷京師，玄宗棄城西逃，和政公主一家隨之。在半路上，和政遇到了剛剛寡居的姐姐寧國公主。和政立刻扔下自己的三個孩子，奪過駙馬柳潭的馬讓寧國公主騎，自己則與柳潭步行，每天要走百里之程。每遇險境，和政都先讓寧國過去，自己留在最後。柳潭覺得這樣不好，和政說：「如果我先過去，若遇到危險，所有的人都不能保全，恐怕我姐姐會成為犧牲品吧？」一路上，柳潭提水找柴，和政親自煮飯，飯煮好了先端給寧國公主吃。

　　以前，和政的妯娌秦國夫人活著時，依其妹楊貴妃之寵很有勢力，和政卻從不因私事找她幫忙，和她一直保持著距離。秦國夫人臨死時，把兒女託付給和政夫婦。馬嵬兵變後，楊家破敗，其他人都紛紛躲避，而和政卻待他們比待自己的孩子還好，不但把他們養大，而且還使男子做官，女嫁豪門。對駙馬柳家的所有親戚，均以禮相待，始終如一。

　　肅宗病重之時，其他子女都在輪流侍奉，唯和政公主一直在其身旁，不肯離開半步。肅宗感其孝，「詔賜田，以女弟寶章主未有賜，固讓不敢當。」[25]肅宗令賜莊院，和政公主依然因妹妹寶章公主沒有賞賜，哭著推

辭說：「八妹還沒得賞賜呢，請賞給她吧。」

　　一次，肅宗在宮中燕樂，命樂工身著綠衣表演，而這位樂工就是因謀逆罪（實為冤案）被殺的蕃將阿布思的妻子。初被沒入掖庭，因其擅長表演，當了樂工。肅宗與其他觀者都哈哈大笑，只有和政公主在一旁低頭皺眉，不看一眼。肅宗問她怎麼了，和政傷心地說：「**布思誠逆人，妻不容近至尊；無罪，不可與群倡處。**」[26]和政公主的一席話，說得肅宗頓起憐憫之心，於是立即停止演出，免除了阿布思妻子的罪，並把她送出宮去。

　　在成都，避難的皇族們又遇到了郭千仞反叛，玄宗親登玄英樓招降，無濟於事。在這緊要關頭，駙馬柳潭親率折衝張義童等拼死搏鬥。和政公主與寧國公主親手將轂弓拉滿遞給柳潭，硬是讓他射殺了五十多名賊兵，玄宗知道後，親自為和政和寧國二公主請功，和政公主堅決推辭，謝絕任何封賞。安史之亂後，朝廷財政吃緊，和政遂將自己經商所得全部捐作軍費。

　　肅宗駕崩，和政公主把自己封邑的收入千萬錢全都捐了出來，哥哥李豫大為感動。李豫即位後，和政公主「**屢陳人間利病、國家盛衰事，天子鄉納**」[27]。廣德元年（763）冬，吐蕃佔據長安，代宗南奔，和政也出逃，不料卻被亂兵堵住了去路，於是又逃往荊南。經過商於（今陝西商洛市境內）館驛休息的時候，又遇到一群強盜，和政對他們曉以禍福，強盜們居然洗心革面，願意跟隨和政。到荊南後，和政慰藉軍將，代宗怕妹妹沒錢，詔令財政官及節度使一切聽從公主所需。和政覺得連年戰亂，國庫空虛，便說：「我把家財都捐出來勞軍，哪能貪得無厭干預國家經濟呢？」最終只拿了幾斤香，施捨給佛寺，為皇帝祈福而已。大難中逃難的貴族都很狼狽，唯有和政竭力去幫他們。

　　廣德二年（764）六月，吐蕃再度兵犯京師，軍情緊急，加之和政產後失調，病倒在床，二十五日，公主於常樂坊府第去世，享年三十六歲。代宗聞其妹薨，悲痛欲絕：「我這個妹妹是國之瑰寶啊！我才想著與她同樂，哪能想到人就歿了！老天為什麼這般殘忍！叫我怎能忍受得了！」為

此，代宗下令輟朝三日。朝臣顏真卿（709—784）在其撰寫的〈和政公主神道碑〉中對和政的品行極盡溢美之詞：「至若左右圖史，開示佛經，金石絲竹之音，繢畫工巧之事，耳目之所聞見，心靈之所領略，莫不一覽懸解，終身不忘。」[28]八月十九日，代宗於京城萬年縣義豐鄉之銅人原（今陝西西安市東郊瀾河東南之高地）厚葬了和政公主。

漢陽公主

漢陽公主，名暢，唐順宗李誦長女，母莊憲王皇后。始封德陽郡主，貞元年間下嫁郭曖之子郭縱。她剛出嫁的時候還是郡主。每次回宮都哭得很傷心。順宗問她是不是遇到了什麼不順心的事？她總是擦著眼淚說：「沒有什麼不順心的事，只是想念父母而已。」永貞元年（805），晉封為漢陽公主。

漢陽公主的生活很儉樸，儘管有豐厚的陪妝，她頭上僅插一隻鐵簪子。「時戚近爭為奢詡事，主獨以儉，常用鐵簪畫壁，記田租所入。」[29]文宗曾經問道：「姑所服，何年法也？今之弊，何代而然？」[30]公主回答說：「我所穿的這些衣服，都是當年宮裡給我陪的嫁妝。元和之後，國家為了領土主權的完整，軍隊總在打仗，為了鼓動士氣，就從宮裡拿出許多光鮮華麗的料子賞賜給士兵。後來，就有一些散落民間，從此民間就開始盛行奢華風了。」「帝悅，詔宮人視主衣制廣狹，遍諭諸主，且敕京兆尹禁切浮靡。主嘗誨諸女曰：『先姑有言，吾與若皆帝子，驕盈貴侈，可戒不可恃。』」[31]

大和二年（828）五月，文宗命中使於漢陽公主及諸公主第宣旨：「今後每遇對日，不得廣插釵梳，不須著短窄衣服。」[32]文宗的意思，是可以著寬大的衣裙，這種衣裙與我們所見到的《簪花仕女圖》上畫的那種差不多，可以有些許坦露。

開成五年（840），漢陽公主去世，一生歷經德宗、順宗、憲宗、穆宗、敬宗及文宗六朝。

3. 窮奢極欲型

窮奢極欲意即奢侈和貪欲到了極點。這種類型的公主不多，比較典型的有高宗幼女太平公主、中宗四女長寧公主及幼女安樂公主。

長寧公主

長寧公主，亦稱「寧長公主」。唐中宗李顯第四女，韋皇后所生，頗受寵愛。先後婚嫁兩次，初嫁楊慎交，更嫁蘇彥伯。

長寧下嫁楊慎交，「造第東都，使楊務廉營總。第成，府財幾竭，乃擢務廉將作大匠。又取西京高士廉第、左金吾衛故營合為宅，右屬都城，左頰大道，作三重樓以憑觀，築山浚池。帝及后數臨幸，置酒賦詩。又並坊西隙地廣鞠場。」[33]

當時，東都洛陽取消了永昌縣的設置，長寧公主知道後，又將其要來作為自己的府邸。「以地瀕洛，築郭之，崇台、蜚觀相聯屬。無慮費二十萬。」[34]長安魏王李泰的舊宅第非常寬大，其東西長度占滿一坊，內有池塘三百畝。李泰死後，朝廷將其劃給民間使用。而貪得無厭的長寧公主卻設法要了過來，築為自己的別苑。她倚仗母親韋皇后的寵愛，又參與「斜封官」的不正之風，賣官鬻爵，橫行不法。

聖曆年間，她與安樂公主、太平公主等設立府衛，十步一人，加以騎兵巡邏，僭肖宮省。神龍年間進封公主，開府置屬官，而她的食邑實封二千五百戶，是親王爵位待遇的三倍之多。

「韋后之亂」平定後，貶駙馬楊慎交為絳州別駕，命公主一同前往。其在洛陽建成的府邸，後被改作為景雲祠。「而西京鬻第，評木石直，為錢二十億萬。」[35]

開元十六年（728），駙馬楊慎交死，長寧又改嫁蘇彥伯。長寧和楊慎交育有一子楊洄，楊洄後來娶了唐玄宗和武惠妃的女兒咸宜公主。

大中時，長寧公主卒，陪葬中宗定陵（在今陝西富平縣宮裡鎮獅子窩

村北）。

安樂公主

安樂公主，唐中宗李顯幼女，生母韋皇后。光宅元年（684）初，中宗因一句狂語「我以天下與韋玄貞，何不可！而惜侍中邪！」使得裴炎懼怕起來，裴炎隨即報告給太后武則天，二人密謀廢立。「二月戊午（六日），太后集百官於乾元殿，裴炎與中書侍郎劉禕之、羽林將軍程務挺、張虔勗勒兵入宮，宣太后令，廢中宗為廬陵王，扶下殿……乃幽於別所。」[36]次日，「立雍州牧豫王旦為皇帝。政事決於太后，居睿宗於別殿，不得有所預。」[37]四月癸酉（二十二日），將廬陵王貶謫房陵（今湖北房縣）。二十八歲的李顯便拖家帶口踏上了充滿政治風險的旅程。四天後，又被改遷均州（今湖北郿鄉縣）濮王舊宅。公主出生於去房陵的途中，出生時，廬陵王急忙脫下自己的衣服包裹，故為公主取乳名曰「裹兒」。

少年時代的裹兒，姿性聰慧，容質秀絕，父母對她日漸寵愛。他們一家在均州一待就是十四年。聖曆元年（698），「三月己巳（九日），託言廬陵王有疾，遣職方員外郎瑕丘徐彥伯召廬陵王及其妃、諸子詣行在療疾。戊子（二十八日），廬陵王至神都」。[38]李顯被重新立為皇太子，「裹兒」也被封為安樂郡主。長安中，武則天將安樂郡主指配給娘家姪子武三思的次子武崇訓。

神龍元年正月二十五日，中宗李顯重即皇帝位。安樂郡主晉為公主。公主欲加「光豔動天下」。駙馬都尉武崇訓即「遷太常卿，兼左衛將軍。降封酆國公，仍賜實封五百戶，尋徙封鎬國公。二年，兼太子賓客，攝左衛將軍」[39]。

安樂公主寵溺豪奢，胡作非為，不守婦道。「侯王柄臣多出其門。嘗作詔，箝其前，請帝署可，帝笑從之。」[40]又逼迫中宗立其為皇太女，遭到左僕射魏元忠的強烈反對，中宗卻允許安樂及太平等七公主開府置官

屬。

安樂公主、長寧公主及韋皇后的妹妹郕國夫人、上官婕妤、上官婕妤的母親沛國夫人鄭氏、尚官柴氏、賀婁氏等人「皆依勢用事，請謁受賕。雖屠沽臧獲，用錢三十萬，則別降墨敕除官，斜封付中書，時人謂之『斜封官』。」[41]當時任命的員外官、員外同正官、試官、攝官、檢校官、判官、以及知官等共計千人之多。「西京、東都各置兩吏部侍郎，為四銓，選者歲數萬人。」[42]斜封官是不必經過中書省和門下省銓選，而是由皇帝直接降下墨敕任命的，中書省及門下省長官只是將皇帝的任命傳達給有關部門，不敢對任命本身有任何異議。但也有例外，「吏部員外郎李朝隱前後執破一千四百餘人，怨謗紛然，朝隱一無所顧。」[43]

太子李重俊，因非韋皇后所生，便經常遭到安樂公主的侮辱和武三思的戲弄，武崇訓也從中唆使安樂公主請求中宗廢黜太子。重俊不堪其辱，於景龍元年七月初六（707），「與左羽林大將軍李多祚、將軍李思沖、李承況、獨孤禕之、沙吒忠義等，矯制發羽林千騎兵三百餘人，殺三思、崇訓於其第，並親黨十餘人。」[44]。

武崇訓為駙馬時，安樂公主就與武崇訓的同族兄弟武延秀鬼混私通，武延秀姿度閑冶，且通番語胡舞。武崇訓斃命後，安樂公主更是與武延秀共敘幽歡，武延秀驟得公主委身，自然格外賣力，雙雙沉浸在溫柔鄉裡。漸漸地二人肆無忌憚起來，公然如夫婦一般同起同臥。中宗聞知，不但不怪，便索性將安樂公主許配給武延秀。「出降之時，以皇后仗發於宮中，中宗與韋后御安福門觀之，燈燭供擬，徹明如晝。」[45]而韋皇后又見武延秀翩翩少年，風流倜儻，竟脅迫武延秀侍寢，母子同歡。

安樂公主與崇訓生的兒子才數歲，「因加金紫光祿大夫、太常卿同正員、左衛將軍，封鎬國公，賜實封五百戶，以嗣其父。」[46]又，「公主產男滿月，中宗韋后幸其第，就第放赦，遣宰臣李嶠、文士宋之問、沈佺期、張說、閻朝隱等數百人賦詩美之。」[47]

安樂公主見其姐姐長寧公主在宮外營建府第，不僅在建築規模上完全

模仿皇宮，甚至在精巧程度上也超過了皇宮。又見上官婉兒也在宮外大肆營建宅第，便請求中宗另賜宅第，中宗無奈，便把金城坊再賜給安樂公主作為府第，營建時，「窮極壯麗，帑藏為之空竭。」[48]

長安有昆明池，是漢武帝時開鑿的。安樂公主特別喜歡，請求中宗能將昆明池賜賞給她，中宗拒絕說：「昆明池自前代以來，從不曾賜賞與人，朕不能違背祖宗條例。更何況池魚每年賣錢十多萬貫，宮中粉資，全靠這個。今若將池賞給你，會使妃嬪們失去顏色。」安樂公主聽後，大為不悅，於是，一不做二不休，強奪民田宅院，開鑿一池，「延袤數里，累石象華山，引水象天津，欲以勝昆明，故名定昆。」[49]

在洛州昭成佛寺裡，有公主製造的一隻百寶香爐，其上「鏤怪獸神禽，間以璣貝珊瑚，不可涯計。」[50]

安樂公主的衣飾也奢侈到了極點。「安樂公主使尚方合百鳥毛織二裙，正視為一色，傍視為一色，日中為一色，影中為一色，而百鳥之狀皆見，以其一獻韋后。公主又以百獸毛為韉面，韋后則集鳥毛為之，皆具其鳥獸狀。」[51]此裙用百鳥羽毛製作而成。上面綴有穀粒大小的花卉和鳥獸圖案，工費「直錢一億」。[52]

「公主初出降，益州獻單絲碧羅籠裙，縷金為花鳥，細如絲髮，大如黍米，眼鼻觜甲皆備，嘹視者方見之。皆服妖也。自作毛裙，貴臣富家多效之，江、嶺奇禽異獸毛羽采之殆盡。」[53]直到開元年間，玄宗在殿前悉數焚燒百鳥毛裙，才算剎住了這股不良風氣。

安樂公主仗勢欺人，又與長寧公主、定安公主掠奪民女為奴婢。左台侍御史袁從一實在看不過眼，才將其逮捕，袁從一上書，希望中宗能大義滅親，以為國家利益計。中宗不聽。

安樂公主真心期望母親韋皇后能臨朝稱制，如果能夠這樣的話，自己就完全能成為皇太女。而韋皇后最最擔心的是怕自己與散騎常侍馬秦客、光祿少卿楊均善的姦情敗露，於是，他們便在一起共同謀劃除掉中宗的陰

謀。景雲元年六月初二晚，韋皇后及安樂公主等合謀，於湯餅中下毒，毒殺中宗於神龍殿。

　　寶昌寺僧人普潤受兵部侍郎崔日用的指派，向臨淄王李隆基密告韋氏政治集團的陰謀。於是，獲得重要情報的李隆基搶先發難。六月二十日深夜，李隆基引兵闖進玄武門，萬騎營長葛福順於羽林營劍殺衛尉卿韋璿、長安令韋播及郎將高嵩。驚恐之中的韋皇后逃往飛騎營，被飛騎兵立馬斬首，並將其首級獻於李隆基。此時。安樂公主「方覽鏡作眉，聞亂，走至右延明門，兵及，斬其首。追貶為『悖逆庶人』。」[54]又斬武延秀於肅章門外，斬內將軍賀妻氏於太極殿西。睿宗即位，下詔以二品禮安葬。

▲ 圖5　唐安樂公主墓誌拓本（陳曉捷供圖）

4. 參政亂政型

這類公主主要表現在染指政治。典型的有高宗幼女太平公主、中宗四女長寧公主及幼女安樂公主。

太平公主

太平公主，高宗李治幼女，皇后武則天所生。太平公主出生年月不詳，據睿宗李旦出生年月推定，她最早當出生於龍朔三年（663）。

咸亨元年（670）九月十四，榮國夫人楊氏病逝，武則天以替母親祈福為名，將年僅八歲的公主出為道士，道號「太平」。雖為道士，不出家，居宮中。「儀鳳中，吐蕃請主下嫁，后不欲棄之夷，乃真築宮，如方士薰戒，以拒和親事。」[55]

有一次，公主著武官的紫袍玉帶，折上巾，具紛礪，在高宗和武則天面前蹦蹦跳跳。父母大笑，問她為什麼要這樣？她說：是想將此行頭賜給未來的駙馬。「帝識其意，擇薛紹尚之。」[56]

薛紹是唐太宗李世民第十六女城陽公主的次子，按照輩分，薛紹當為高宗的親外甥。永隆二年（681）七月，公主下嫁薛紹，婚禮豪華氣派，熱鬧非凡。「假萬年縣為婚館，門隘不能容翟車，有司毀垣以入，自興安門設燎相屬，道樾為枯。」[57]「自興安門南至宣陽坊西。燎炬相屬，夾路槐木多死。」[58]但武則天始終對這樁婚事不滿意，她認為薛紹哥哥薛顗的妻子蕭氏和弟弟薛緒的妻子成氏不是貴族，「我女豈可使與田舍女為妯娌邪！」[59]曾一度想逼薛家兄弟休妻。後來，有人以蕭氏是唐太宗大女婿的侄女，也算是皇家的舊姻親。武則天這才罷休。

垂拱四年（688）七月，唐宗室琅琊王、博州刺史李沖於博州（今山東聊城東北）起兵，以應越王、豫州（今河南南部、東部，安徽北部，江蘇西北角及山東西南角）刺史李貞反武則天，兵敗，因薛紹的哥哥、河東縣侯、濟州（今山東巨野縣）刺史薛顗的參與，牽連到駙馬薛紹（主要因

素是武則天嫌薛家的血統不夠高貴），武則天命將薛顗處死，駙馬杖責一百，並餓死獄中。

太平公主與薛紹的婚姻只維持了七年，育有二男二女，最小的兒子才剛剛滿月。在這段婚姻中，太平公主還算本分，不參政議政，也沒有出軌之舉。事後，武則天為了安慰寡居的女兒太平公主，打破公主出降食邑三百五十戶的慣例，加至一千二百戶。

中宗復位後，太平公主受到中宗的尊重，詔免她對皇太子李重俊、長寧公主等人行禮。中宗朝，韋皇后與安樂公主亂權，唯太平公主多謀善斷。

景龍元年（707）七月，安樂公主與兵部尚書宗楚客聯手陷害相王李旦，指使侍御史冉祖雍向中宗誣告相王李旦及太平公主與太子李重俊通謀造反，請求速將他們逮捕下獄。昏庸至極的中宗聽信讒言，遂命吏部侍郎兼御史中丞蕭至忠予以拘捕，並主審此案。蕭至忠哭著進諫：「陛下富有四海，不能容一弟一妹，而使人羅織害之乎！」[60]由此太平公主與李旦纔倖免於難，但太平公主與安樂公主之間的敵對勢力已明顯熾熱化。

不久，武則天又將寡居的太平許配給自己異母兄長武元爽之子武承嗣，最終因承嗣患有「疾病」而罷。其實，並不是武承嗣有病，而最重要的原因是武承嗣距離政治中心太近，她不想再重蹈覆轍。「太后欲以太平公主妻其伯父士讓之孫攸暨，攸暨時為右衛中郎將，太后潛使人殺其妻而妻之。」[61]天授元年（690）七月，公主與武攸暨結婚。「太平食邑獨累加至三千戶。」[62]延和元年（712），武攸暨病故。太平公主又一次墮入守寡的漩渦。他們的這段婚姻維持了22年。育有二男一女。

「公主豐碩，方額廣頤，多權略，則天以為類己。」[63]實際上，由於武則天的極度寵愛和縱容，太平公主在她的第二段婚姻中就暴露出了生活上的奢侈，以及對權勢的熱衷。神龍元年（705），因預謀誅殺「二張」之功（張昌宗初為太平公主的情人，後來進獻給母親武則天。得寵的張昌宗誣陷她的新情人高戩，以致把高戩投入獄中，公主以瀉私憤是其主要原

因），進號鎮國太平公主，「**並食實封通前五千戶，賞賜不可勝紀……遣衛士宿衛，環其所居，十步置一仗舍，持兵巡徼，同於宮禁。**」[64]

景龍四年（710）六月，中宗被韋后與安樂公主毒死神龍殿，太平公主與上官婕妤一起草擬遺詔，立溫王李重茂為皇太子，皇后知政事，相王李旦參謀政事。但宗楚客與韋后黨羽為了架空相王，遂改相王為太子太師。太平公主知道後，義無反顧地派遣自己的長子薛崇簡參與臨淄王李隆基誅殺韋后的行動。政變成功後，太平公主在朝堂上親手將年僅十六歲的殤帝李重茂拉下皇位，並說：「天下之心已歸相王，此非兒座。」擁立哥哥相王李旦復位。「**睿宗即位，主權由此震天下，加實封至萬戶，三子封王，餘皆祭酒、九卿。**」[65]唐制，食實封就是享受戶丁交納的租稅。大戶一戶七丁，若一丁交絹兩匹，太平公主年收入絹十四萬匹。而當時官府年收入絹多則百萬，少則七、八十萬匹。

太平公主在與李隆基聯手除掉韋后政治集團之後，又與李隆基發生權爭。她一邊要求哥哥睿宗廢掉太子李隆基，一邊積極培植黨羽。睿宗感其妹擁立之功，每當入朝奏事，都要和她坐在一起商議好久。有時甚至太平公主沒來上朝，睿宗都會遣宰相到她府上徵求意見。「**其時宰相七人，五出公主門。**」[66]每當宰相奏事，「**上輒問：『嘗與太平議否？』又問：『與三郎議否？』然後可之。**」[67]當時，在朝廷之外祇知有太平公主，不知有皇太子。由於太平公主權勢日隆，左、右羽林將軍也都先後投靠於她。

先天二年（713），太平公主與尚書左僕射竇懷貞、侍中岑羲、中書令蕭至忠、崔湜、太子少保薛稷、雍州長史李晉、右散騎常侍昭文館學士賈膺福、鴻臚卿唐晙及元楷、元慈、惠範等密謀廢除太子李隆基，並指使元楷、元慈率羽林兵入武德殿殺太子，讓竇懷貞、岑羲及蕭至忠等領兵在南衙接應。太子李隆基在獲悉他們的陰謀計劃後，立即召集岐王、薛王、兵部尚書郭元振、將軍王毛仲、殿中少監姜晈、中書侍郎王琚及吏部侍郎崔日用定策。李隆基先發制人，誘殺了左、右羽林將軍和宰相。「**主聞**

變，亡入南山，三日乃出，賜死於第。諸子及黨與死者數十人。」[68]

太平公主的生活極其奢侈，她在沒有得勢時就已經「崇飾邸第」，得勢後更是「田園遍於近甸膏腴，而市易造作器物，吳、蜀、嶺南供送，相屬於路。綺疏寶帳，音樂輿乘，同於宮掖。侍兒披羅綺，常數百人，蒼頭監嫗，必盈千數。外州供狗馬玩好滋味，不可紀極。」[69]

在武則天執政時期，太平公主的另一特殊貢獻便是及時幫她母親除掉了薛懷義。薛懷義本名馮小寶，是一名闖蕩江湖的藥材販子。在神都洛陽，千金公主（唐高宗第十八女）見其身體健壯，形偉神清，便與其私通。後推薦成為武則天的男寵。「則天欲隱其跡，便於出入禁中，乃度為僧。又以懷義非士族，乃改姓薛，令與太平公主婿薛紹合族，令紹以季父事之。」[70]「出入乘御馬，宦者十餘人侍從。士民遇之者皆奔避，有近之者，輒撾其首流血，委之而去，任其生死。」[71]

▲ 圖6　洛陽白馬寺（劉向陽 攝影）

▲圖7　洛陽明堂（毛陽光 攝影）

　　垂拱初，武則天命薛懷義在洛陽城西建造白馬寺，寺成後，自為寺主。懷義「恃恩狂蹶」，則天處處護之，並以「加輔國大將軍，進右衛大將軍，改封鄂國公、柱國，賜帛二千段。」[72]又督作明堂。薛懷義還與僧人法明等編寫《大云經》四卷，獻給武則天，「言則天是彌勒下生，作閻浮提主，唐氏合微。」[73]，給武則天臨朝稱制製造輿論。

　　後來，因宮中御醫沈南璆得幸而薛懷義失寵，懷義怒恨衝天，火燒明堂。鑒於薛懷義日益驕縱，太后「令太平公主擇膂力婦人數十，密防慮之」[74]。天冊萬歲元年（695）二月初四，將薛懷義「執之於瑤光殿前樹下，使建昌王武攸寧帥壯士毆殺之，送屍白馬寺，焚之以造塔。」[75]。

從史書記載看，與太平公主私通者至少有四人：一是張昌宗，人稱「六郎」，貌美如蓮花。武則天的男寵薛懷義失寵被殺，太平公主就將自己的男寵張昌宗送給母親解悶，甚合武則天心意。二是胡僧惠範。惠範「家富於財寶，善事權貴，公主與之私，奏為聖善寺主，加三品，封公，殖貨流於江劍。」[76]。三是宰相崔湜。崔湜人長得很標緻，但品性不佳。起初，崔湜依附上官昭容，與上官氏「數與宣淫於外」，官職一再升遷。景雲中，上官昭容鑒於太平公主的威勢，將其轉送太平公主，於是，崔湜官職不斷得到升遷，直至中書令。崔湜曾把自己的妻子和兩個女兒都送去侍候太子，自己則私侍太平公主。四是司禮丞高戩，「太平公主之所愛也。」[77]

史書記載，武則天的母親榮國夫人楊氏嘗與其外孫賀蘭敏之私通；武則天的姐姐韓國夫人在其丈夫死後與妹夫（即高宗李治）私通，並把自己的女兒也送進宮侍奉姨父；武則天的侄子武三思與表嫂韋皇后私通；賀蘭敏之強姦太子妃，以至於太平公主幼年時「往來榮國之家，宮人侍行，又嘗為敏之所逼」[78]。武則天不會容忍自己的親外甥與自己的母親私通，更不會容忍自己的親外甥姦淫自己最寵愛的小女兒。在以後的歲月中，太平公主在私生活上的混亂不但與其家族和社會風氣的影響有關，可能也與她幼時的經歷有關。

太平公主幾乎擁有了天下，屬於「公主中的公主」，更屬於「武則天第二」。百年之後，韓愈遊歷太平公主的府邸南莊，感慨之餘，作〈遊太平公主山莊〉：「公主當年欲占春，故將台榭押（一作壓）城闉。欲知前面花多少，直到南山不屬人。」[79]

5. 出世入道型

唐代公主入道的動機很多，有慕道、追福、延命以及夫死舍家、避世藉口等等。這類公主遠離政治，對權力不感興趣。看破紅塵，青燈佛卷，寄身於佛道，寄情於經文。藉此以求遠離塵世之煩擾。典型的有金仙公

主、玉真公主等。

金仙公主

　　金仙公主，睿宗李旦第八女，諱無上道。生於永昌元年（689），昭成竇皇后所生，玄宗李隆基胞妹。始封西城縣主，睿宗登基，進冊為金仙公主。神龍二年（706），與妹妹玉真公主同為道士。在京師築觀修道，拜方士史崇玄和葉法善為師。史崇玄本為太清宮道士，出身微寒，因投太平公主門下，受到器重。修建金仙、玉真二觀時，高宗令他任護作，率萬人興工。長安寺僧見史崇玄受寵而心懷不滿，便收買狂人段謙闖入承天門自稱「天子」，被宮內侍衛逮捕後供認是受史崇玄指使。高宗知係寺僧所為，亦不追究。僅將段謙流放嶺南了事，同時令僧、道之間今後不得相爭。先天二年（713），太平公主政變未遂，其黨羽史崇玄伏誅。

　　睿宗不忍親慈別離，命在長安城輔興坊築建兩座道觀，以供西城、隆昌公主居住。景雲元年（710）十二月初七，

> 上以二女西城、隆昌公主為女官，以資天皇天后之福，仍欲於城西造觀。諫議大夫寧原悌上言：以為『先朝悖逆庶人以愛女驕盈而及禍，新都、宜城以庶孽抑損而獲全。又釋、道二家皆以清淨為本，不當廣營寺觀，勞人費財。梁武帝致敗於前，先帝取災於後，殷鑒不遠。今二公主入道，將為之置觀，不宜過為崇麗，取謗四方。……[80]

　　睿宗以為此言有理，故將建觀之事擱置。景雲二年（711）四月己丑（十四日），進冊西城公主為金仙公主，法名無上道。玄宗即位，再「進封長公主，加實封一千四百戶焉。」[81]「仍於京都雙建道館。館臺北闕，接笙歌於洛濱；珠閣西臨，聆簫曲於秦野。」[82]唐制：皇姑為大長公主，正一品；姊妹為長公主，女為公主，皆視一品，開元十八年（730），金仙公主奏請玄宗，御賜新舊譯經四千餘卷充幽府范陽縣為石

經，詔准，並由西京崇福寺沙門智升親自護送。又奏范陽縣東南五十里上
坕村趙襄子澱中麥田莊並果園一所，及環山林麓：東接房南嶺，南逼他
山，西止白帶山口，北限大山分水界，並永充山門之用。為此，在房山雲
居寺石經山雷音洞之上築建金仙公主塔。坐北朝南，原為四角七層密簷式
筍狀石塔，各層均有挑簷，逐層收分，簷出較深，能表現出良好的光影效
果。塔身全部採用漢白玉石砌成。基座由塊石砌壘。中間用四塊厚板石組
成方形佛龕，正面設券門。門兩側各有浮雕金剛力士一尊。自門向裡，對
面石壁上又呈現出一組浮雕，釋迦牟尼端坐其中，兩側各一弟子。上為七
層疊澀簷，塔上有銘文。

　　開元二十年（732）五月十日，金仙公主卒於東都洛陽開元觀，享年
四十四歲。二十四年（736）七月四日，陪葬睿宗橋陵（位於今陝西蒲城縣
坡頭鎮安王村北）。其墓誌銘曰：「士師典刑，政理以平，柱史作吏，道
德垂嗣。克誕天孫，允懷仙志……情傷涕泗兮徒滂沱，山陵相望兮鬱嵯
峨。碑字生金兮歲月多，荒阡日暮兮將奈何。」[83]

玉真公主

　　玉真公主，字持盈，睿宗李旦第十女。生母德妃，如意元年（692）
生。始封崇昌縣主。進號上清玄都大洞三景師。「睿宗為金仙、玉真二
公主造二道宮，辛替否諫曰：『自夏已來，淫雨不解，穀荒於壟，麥爛
於場。入秋已來，亢旱為災，苗而不實，霜損蟲暴，草菜枯黃，下人諮
嗟，未加賑貸。陛下愛兩女而造兩觀，燒瓦運木，載土填沙。道路流
言，皆云用錢百萬。』」[84]睿宗表面上接受意見。但工程卻一直沒有停
止。經過一年多的修建，兩位公主分別住進了「璿台玉榭，寶象珍龕」的
華麗道觀。道觀儼然是一座女子宮殿。還模擬蓬萊、瀛州、方丈三座仙
山，修建了人工山水景致。公主的服侍用度，依然按照皇家待遇。兩位公
主的生活，儼然單身女公爵。

　　不久，玉真公主遇到了來長安城謀求仕途的李白（701—762）。倆人

一見如故，李白入住玉真公主的道觀。李白生性浪漫，很早就進入名媛的社交圈內。也認識當朝宰相李林甫的女兒李騰空。玉真公主仰慕李白的才華，經過舉薦，才被玄宗召進宮中。由於宰相李林甫讒言，李白終被「賜金放還」。之後，玉真公主還遇到了「妙年潔白，風姿鬱美」的詩人王維（701─761，一說699─761）。有一次，王維像個歌妓一樣，懷抱琵琶在酒宴間為玉真公主獻藝。

天寶三載（744），玉真公主「誠願去公主號，罷邑司，歸之王府」[85]。玄宗沒有允許。不久，公主不辭而別，雲遊華山、譙郡（今安徽亳縣）御真宮及王屋山靈都觀。在王屋山陽台宮拜司馬承禎學道。又「請入數百家之產，延十年之命」[86]。玄宗理解公主的苦衷，准其隱於樓觀。開元十八年（730），李白遊終南山，在樓觀見到玉真公主，遂以〈玉真仙人詞〉描述了玉真修道生涯：「玉真之仙人，時往太華峰。清晨鳴天鼓，飆欻騰雙龍。弄電不輟手，行雲本無蹤。幾時入少室，王母應相逢。」[87]

天寶十四載（755），中原大旱，玉真公主在王屋山仙人台臨壇作法，「須臾間烏雲密佈，澤流盈尺，時人呼『公主雨』。」[88]

玉真公主晚年隱於安徽敬亭山。李白曾作〈獨坐敬亭山〉：「眾鳥高飛盡，孤雲獨去閑。相看兩不厭，只有敬亭山。」[89]又作〈寄從弟宣州長史昭〉：「爾佐宣州郡，守官清且閑。常誇雲月好，邀我敬亭山。五落洞庭葉，三江遊未還。相思不可見，歎息損朱顏。」[90]李白終其一生，自始至終對玉真公主充滿愛慕之情。寶應元年（762），玉真公主於敬亭山去世，享年七十一歲。葬於留鄉上觀村南。該村有仙姑頂、仙姑河、仙姑泉，皆因玉真公主修道於此而得名。寶應二年（763），玉真公主墓碑成，蔡瑋撰文，蕭誠書，唐玄宗書額。而玉真公主的真墓實位於今陝西西安，舊屬唐長安萬年縣寧安裡風棲原。其墓誌早年即已出土，收錄於宋代趙明誠著的《金石錄·卷二七》中，王縉撰文，其侄粲（李粲）書。可惜此志今已佚。

玄宗共有30女，其中有4女先後出為道士：

永穆公主，玄宗長女，下嫁王繇，因慕玄道，索性將自己的府邸改成萬安觀，連人帶府邸一起同入玄門。

新昌公主，玄宗第十一女，下嫁蕭衡。後駙馬卒。天寶六載（747），奏請度為女冠，玄宗詔准，並為她在崇業坊建了新昌觀。

楚國公主，玄宗第十六女，始封壽春。下嫁吳澄江。「上皇居西宮，獨主得入侍。」[91]興元元年（784），自請入道，德宗詔准，並賜號「上善」。

咸宜公主，玄宗第二十二女，「貞順皇后所生。下嫁楊洄，又嫁崔嵩。」[92]兩度下嫁後，於寶應元年（762）奏請出家，代宗詔准，並給其肅明觀。此觀原為昭成、肅明二皇后追福所立，後改為道士觀。又將原住道士遷往太真觀。卒於興元時。

自肅宗之後，相繼入道的有：

華陽公主，代宗第五女，「貞懿皇后所生。韶悟過人，帝愛之。」[93]後因病於大曆七年（722）入道，號「瓊華真人」。詩人白居易（772－846）曾遊歷華陽公主舊宅，見有舊內人，遂賦詩〈春題華陽觀〉曰：「帝子吹簫逐鳳凰，空留仙洞號華陽。落花何處堪惆悵，頭白宮人掃影堂。」[94]

文安公主，德宗第七女，入道時間不詳，卒於太和時。

潯陽公主，順宗第七女，「崔昭儀所生，太和三年（829），與平恩、邵陽二公主並為道士，歲賜封物七百匹。」[95]

永嘉公主，憲宗次女，入道時間不詳。

永安公主，憲宗第十五女，「長慶初，許下嫁回鶻保義可汗，會可汗死，止不行。」[96]太和中入道，詔賜邑印，按照潯陽公主的標準，歲賜封物七百匹。

義昌公主，穆宗第七女，入道時間不詳，卒於咸通時。

　　安康公主，穆宗第八女，入道時間不詳。因與其侄女、敬宗長女永興、次女天長、三女寧國及文宗長女興唐等4位公主在外惹事生非，擾亂於民，乾符四年（877）被僖宗召還南內，脫其道籍。

6. 與世無爭型

　　世，指世人，即周圍的人。與世無爭，就是不與任何人發生爭執。這既是一種消極的處世態度，也是人心的一種嚮往，超然達觀的處世態度。綜觀唐代帝女，此類型的公主寥寥無幾，而最典型的當數高密公主和高安公主。

高密公主

　　高密公主，高祖李淵第四女，初封琅琊公主。一生中有兩次婚姻。先嫁長孫孝政，又嫁隋兵部尚書段文振之子段綸。段綸曾為蜀郡太守、劍南道招慰大使、益州蒲州都督、熊州刺史、散騎常侍、秘書監、宗正卿、禮部尚書、工部尚書、紀國公等。永徽六年（655），公主卒，遺命：「吾葬必令墓東向，以望獻陵，冀不忘孝也。」[97]宰相上官儀曾作〈高密長公主挽歌〉：「湘渚韜靈跡，娥台靜瑞音。鳳逐清簫遠，鸞隨幽鏡沉。霜處華芙（一作英）落，風前銀燭侵。寂寞平陽宅（一作館），月冷洞房深。」[98]高密公主夫婦育有一女一子。其女段蘭璧，據〈大唐故邳國夫人段氏墓誌銘〉記載，段蘭璧字曇娘，十八歲時嫁於邳國襄公長孫順德世子，志文稱其為「邳國夫人」，卒後祔父塋而葬昭陵陵園。

高安公主

　　高安公主，高宗李治次女，生母蕭淑妃，生於貞觀二十三年（649）。初封宣城公主。下嫁潁州刺史王勗。天授中，駙馬為武后所誅，高安公主悲痛欲絕。遂「復歸於後庭。凡九十甲子，口不入辛味，耳不聆曼音，體逾尚柔，言靡敵怨；運觀心之智，察摩頂之神；豈寂以幽通？

將虛而信受。」[99]中宗復位，「命宗正卿李珍冊拜宣城長公主，食實封一千戶，並置府僚，比侯王之封，齊令丞之秩。」[100]睿宗復位，再增食邑一千戶，並改封為高安長公主。「公主頃歲奉嘗睹高宗畫像，雖光靈在天，而見似目瞿，感咽於地，遂成心疾。」[101]開元二年（714）五月，卒於長安永平裡第，享年六十六歲。「玄宗哭於暉政門，遣大鴻臚持節赴吊，京兆尹攝鴻臚護喪事。」[102]公主一生避榮守靜，退藏於密；儉德之恭，讓德之益。實為他主之楷模。「金為字兮琬為碑，永貞芳兮實在斯。」[103]李乂嘗作〈高安公主挽歌二首〉，

其一：

湯沐三千賦，樓臺十二重。銀爐稱貴幸（一作子），玉輦盛過逢。嬪則留中饋，娥輝沒下舂。平陽百歲後，歌舞為誰容。

其二：

賓衛儼相依，橫門啟曙扉（一作暉）。靈陰蟾兔缺，仙影鳳皇（凰）飛。一水秋難渡，三泉夜不歸。況臨青女節，瑤草更前哀（一作衰）。[104]

蘇頲亦作〈故高安大長公主挽詞〉：

彤管承師訓，青圭備禮容。孟孫家代寵，元女國朝封。柔軌題貞順，閑規賦肅雍。寧知落照盡，霜吹入悲松。[105]

（三）唐朝公主的婚姻生活

1. 公主行為放蕩

　　生在帝王家的公主固然顯貴無比，儘管他們也曉得「一起邪淫念，則生平極不欲為者，皆不難為，所以淫是萬惡之首」[106]。但往往就是不守禮

法，肆意縱容自己。比較典型的有：房陵公主、合浦公主、太平公主、安樂公主、郜國公主和襄陽公主。

房陵公主

房陵公主，高祖李淵第七女。生母太穆皇后竇氏。始封永嘉公主，下嫁太穆皇后親侄竇奉節。竇奉節歷官左衛將軍、秦州都督。永嘉公主生性傲慢，絕不允許駙馬在外拈花惹草，而自己卻濫情無數。情夫楊豫之，是太宗李世民胞弟巢刺王李元吉之女壽春縣主的丈夫，按輩份，永嘉公主是壽春縣主的姑媽，可她勾搭侄女的夫婿楊豫之卻一點都不害臊。駙馬竇奉節只有獨守孤燈和空枕的份。

之前，永嘉公主勾搭別的男人，竇奉節倒也忍了，而如今居然是在平日裡恭恭敬敬喊自己姑父的小混混，楊豫之很快便被竇奉節捉拿，「具五刑而殺之」。楊豫之為他自己的豔遇付出了昂貴的代價。竇奉節雖然泄了心頭之恨，但綠帽之名聲震天下。不久，鬱悶而死。

駙馬和情夫先後死去，似乎對永嘉公主沒有多大的打擊，她很快又下嫁給了賀蘭僧伽。賀蘭僧伽吸取竇奉節的經驗教訓，任其永嘉公主大張豔幟，從來不聞不問。

咸亨四年（673）之前，賀蘭僧伽卒。同年閏五月三日，房陵公主亦死於九成宮山第，終年五十五歲。十月四日，陪葬高祖李淵獻陵（今陝西三原縣城北的徐木原上）。

合浦公主

合浦公主，太宗第十七女。生母不詳。約於貞觀三年（629）生。始封高陽。永徽三年（652），公主下嫁宰相房玄齡次子房遺愛。遂拜房遺愛為駙馬都尉、太府卿、散騎常侍。高陽公主打心眼裡喜歡的是溫文儒雅的書生，而不喜歡武夫戰將，高陽甚至可以對房家大公子房遺直萌動心思，

而對房家二公子房遺愛簡直沒有感覺。所以，在洞房花燭之夜，房遺愛就沒被宣進公主閨房。

　　婚姻上的不美滿，使得高陽公主唯一的消遣就是縱馬郊外，遊山玩水。而高陽公主恃寵而驕，行為放蕩。一次，高陽公主與駙馬房遺愛出外打獵，就在自己的封地和結廬於此的會昌寺僧人辯機和尚相遇。辯機十五歲正式出家，拜道嶽法師為師。公主「**見而悅之，具帳其廬，與之亂，更以二女子從遺愛，私餉億計。**」[107]房遺愛不但要為高陽遮掩此事，還得為他們的苟合站崗放哨。貞觀十九年（645）正月，玄奘取經東歸，奉旨在弘福寺主持翻譯經文。辯機以其淵博的學識、出眾的文采、風雅的儀容被玄奘法師選中。辯機作為譯經人，要去弘福寺長住。臨別的時候，高陽公主送給他一隻金寶神枕，辯機也就將此寶物帶進了弘福寺。後來，此枕被盜賊偷去。盜賊被捉，皇宮寶物神枕被搜出，此案涉及辯機，辯機供出是高陽公主所送。太宗震怒，遂命腰斬辯機於長安西市。並殺高陽公主身邊的奴婢數十人。從此不許高陽進宮。氣急敗壞的高陽從此便與太宗結怨。處心積慮的高陽處處與太宗對抗，不久又與能迎占禍福的浮屠智勖、能視鬼的浮屠惠弘及能醫術的道士李晃私通。又指使掖庭令陳玄運窺探宮省機祥（指祈禳求福之事），步星次，這可是大逆不道的事情。太宗駕崩，高陽公主沒有一點悲哀的樣子。永徽初，高宗晉封為高陽長公主。永徽四年（653）二月初二，因皇室謀反罪，高宗「**詔（房）遺愛、（薛）萬徹、（柴）令武皆斬，（李）元景、（李）恪、高陽、巴陵公主並賜自盡。**」[108]戊子（初六日），「**廢恪母弟蜀王愔為庶人，置巴州，房遺直貶春州銅陵尉，萬徹弟萬備流交州。罷房玄齡配饗。**」[109]顯慶年間，追封合浦公主。

郜國公主

　　郜國公主，肅宗李亨第七女。始封延光。貞元元年（785），改封郜國公主。下嫁楊貴妃姐姐虢國夫人的兒子裴徽，裴徽官至殿中丞。馬嵬兵

變中卒。後來，郜國公主又更嫁玄宗第十一女新昌公主的兒子蕭升，蕭升官至太僕卿。蕭升和郜國有個女兒蕭氏，後來嫁給了皇太子李誦為妃。蕭升死後，公主竟然腳踩「四條船」，同時與彭州司馬李萬、蜀州別駕蕭鼎、澧陽令韋愔、太子詹事李昇私通。本來德宗就不喜歡皇太子李誦，總是在找他的茬。郜國公主的姦情敗露後，肅宗認為郜國公主表面上是行通姦之事，而實為太子結交黨羽。所以，就先將郜國公主軟禁起來。貞元四年（788），軟禁中的郜國公主居然搞起了厭蠱，德宗大怒，立即詔廢郜國封號，杖殺李萬，流放蕭鼎、韋愔、李昇於嶺南。郜國公主的兒子蕭位等也受此牽連，被分別囚於外州。最倒楣的是郜國公主的女兒太子妃蕭氏。貞元六年（790）郜國去世，德宗殺蕭氏，諡號「惠」。

襄陽公主

　　襄陽公主，順宗李誦第六女，生母不詳。始封晉康縣主。下嫁軍閥張孝忠之子張克禮。公主出嫁後，最樂意做的一件事就是換上粗布衣服，化裝成民女或青年男子逛大街。並因此邂逅了貴族子弟李元本，以及薛樞、薛渾兄弟。特別是薛家兄弟。

　　公主就這樣與這幾個年輕人同時發展著戀情，後來她發現，她最喜歡的還是薛渾。喜歡到她自認為自己已經是薛渾的女人了，如果薛家點頭，她索性就要搬到薛家去住。一旦薛家一時沒了消息，她會三天兩頭微服一趟，帶上禮物去看望薛母。完全不知害羞地說：「媳婦給您請安了。」薛母驚恐。「有司欲致詰，多與金，使不得發。」[110]

　　張克禮知道公主給自己戴了綠帽子，但又一想，哪個駙馬不是冒著戴綠帽的危險結婚的呢？但公主卻越發大膽，最後竟然將情夫帶回公主府邸，當自己的丈夫一樣對待。駙馬一怒之下進宮告狀去了。可惜當政的並不是公主的爹，而是她爹的孫子、她的侄兒穆宗李恒。穆宗本不想管姑媽的事，但駙馬不依，穆宗只好令將公主捉來，打入冷宮。那段瘋狂的出軌舉動換來的卻是永久的無期徒刑。薛渾兄弟被發配到崖州。

2. 公主驕橫跋扈

驕橫跋扈形容為人傲慢專橫，暴戾，不可一世。唐代公主中是這種性情的代表主要有宜城公主、昇平公主、魏國憲穆公主。

宜城公主

宜城公主，中宗李顯次女。始封義安郡主，下嫁裴巽。宜城出嫁時，父親李顯還沒有登基。身為均州司倉參軍的裴巽並不情願這椿婚事。宜城公主雖然容貌欠佳，但卻風流成性，她經常把自己化妝成男子，到市井上遊逛。只要看到美貌少年，就跑去搭訕，並偷偷地養著。她不喜歡駙馬，她也知道駙馬不喜歡她，但她絕不允許駙馬喜歡別的女人，更不允許駙馬納妾。宜城經常會派人秘密監視駙馬的行蹤。

宜城公主性情暴戾。她雖然不能像她姑媽太平公主、妹妹安樂公主那樣呼風喚雨，卻可以為所欲為。駙馬裴巽曾有外寵一人，「**公主遣閹人執之，截其耳鼻，剝其陰皮漫駙馬面上，並截其髮，令廳上判事，集僚吏共觀之。**」[111]

中宗眼前的這場家庭暴力場面無疑給他帶來恥辱，並使他丟盡了顏面。於是，他震怒得幾乎暈厥。先斥郡主為縣主，再貶駙馬外任。半年後，駙馬官復原職。在這場家庭暴力中，唯一的受害者就是那位可憐的婢女。

後來，宜城公主病卒，裴巽又娶了宜城公主的堂姐妹、睿宗第七女薛國公主。薛國公主始封清陽，下嫁王守一，後駙馬被誅。薛國公主是個年輕漂亮的寡婦，溫柔和順，善解人意，特招人喜愛。惜於開元十四年（726）八月十九日病卒。

昇平公主

昇平公主，代宗李豫第四女，生於天寶十三載（754），生母崔貴

妃。崔貴妃之母乃韓國夫人楊氏，即楊貴妃的姐姐。「時韓國、虢國夫人之寵，冠於戚裡。」[112]「集萬千寵愛於一身」的楊貴妃乃昇平公主的姨母。天寶十四載（755）十一月九日，安祿山以誅楊國忠為名，在范陽（今北京市）起兵，進逼長安。至德元年（756）六月，潼關失守，玄宗聽信楊國忠讒言，出奔劍南。乙未（十三日）黎明，「上獨與貴妃姊妹、皇子、妃、主、皇孫、楊國忠、韋見素、魏方進、陳玄禮及近親宦官、宮人出延秋門，妃、主、皇孫之在外者，皆委之而去。」[113]繈褓中的昇平公主也隨其父母開始了逃亡生涯。「丁酉（十五日），至馬嵬頓，六軍不進，請誅楊氏。」[114]兵變中楊氏一族被誅。崔貴妃由此鬱鬱寡歡。馬嵬兵變後，玄宗與皇太子分道揚鑣，玄宗出奔劍南，太子北上靈武。「初，妃挾母氏之勢，性頗妒悍，及西京陷賊，母黨皆誅。妃從王至靈武，恩顧漸薄，達京而薨。」[115]昇平公主由此便失去了母愛。

永泰元年（765）七月四日，「昇平公主出降駙馬都尉郭曖。」[116]郭曖系龍武大將軍郭子儀第六子，時年十二歲，公主十一歲。郭曖成年後，文武雙全，賢明多才。「大曆中，恩寵冠於戚裡，歲時錫賚珍玩，不可勝紀。」[117]

大曆二年（767），昇平公主與郭曖因瑣事發生口角，郭曖氣憤地說：「你不就倚仗你父親是天子嗎？告訴你，我父親還不屑於做天子呢！」公主憤然進宮向代宗告狀。代宗說：「假如郭子儀要做天子，天下豈能是我家所有？」並勸慰公主回去。郭子儀聽說此事後，立即將郭曖囚禁起來，自己入朝向代宗請罪，聽憑代宗發落。代宗笑著對郭子儀說：「鄙諺有之：『不癡不聾，不做家翁。』兒女閨房之言，何足聽之。」[118]郭子儀回到家後，怒責郭曖數十杖。

大曆十三年（778），為了便民灌溉，代宗詔令毀除白渠支流上所有的水磨，昇平公主與郭子儀各有水磨兩輪，昇平公主向代宗求情，代宗說：「吾行此詔，蓋為蒼生，爾豈不識我意耶？可為眾率先。」[119]昇平公主聽後，馬上命人將水磨拆毀。而在白渠上有水磨的，多為豪門勢族，

公主此舉震動京師，八十多輪水磨傾被毀廢。元和五年（810）十月，昇平公主卒，贈號國大長公主，諡曰懿。

魏國憲穆公主

魏國憲穆公主，德宗李適次女。始封義陽公主。貞元二年（786），許配節度使王武俊之子王士平。王士平加秘書少監同正、駙馬都尉。德宗對這門婚事相當重視，專門命禮官制定公主參見公婆的禮節。貞元十一年（795）十月婚嫁。婚嫁時，王武俊因在自己的藩鎮未能出席婚禮，於是，德宗又命義陽公主派人專程前往向他致禮。

貞元十二年（796）五月二十七日，王士平和郭曖兄弟在代宗忌辰宴飲，被貶。不久，因義陽任性驕橫，恣橫不法，致使夫妻反目，德宗大怒，將義陽公主幽禁宮中，將王士平囚禁家裡，不許他倆隨便出入。

時有進士蔡南、獨孤申叔，倆人作義陽公主歌詞，其中有〈團雪〉〈散雪〉等曲，「言其遊處離異之狀」[120]。這些歌曲很快就在酒宴上流行。德宗聽說此事後大怒，欲廢除科舉，流放蔡南、獨孤申叔。

憲宗時，王士平因舉報暗殺宰相武元衡的姪子王承宗有功，被拜為左金吾衛大將軍，進而襲父實封。元和年間，累遷安州刺史。後來，因結交太監而被貶為賀州司戶參軍。終其婚姻，他和義陽公主始終不能夠和睦，義陽住崇仁坊，王士平住昌化坊。貞元年間，義陽公主卒，追封魏國憲穆公主。德宗憐憫自己的這個女兒，命在公主墓前營建祠堂120間，喪事花費四千萬錢。時權德輿作〈贈魏國憲穆公主挽歌詞二首〉[121]

其一：

漢制榮車（一作儀）服，周詩美肅雍。禮尊同姓主，恩錫大名封。外館留圖史，陰堂閉德容。睿詞（一作歌）悲薤露，千古仰芳蹤。

其二：

> 秦樓曉月殘，鹵簿列材官。紅綬蘭桂歇，粉田風露寒。凝笳悲駟馬，清鏡掩孤鸞。湣冊徽音在，都人雪涕看。

3. 公主府邸禁止駙馬染指

按照規定，公主婚嫁後，辟有專門的公主府。公主府裡設有邑臣。「公主邑司，令一人，從七品下；丞一人，從八品下；錄事一人，從九品下。公主邑司官各掌主家財貨出入、田園徵封之事，其制度皆隸宗正焉。」[122]邑，指公主的食邑。令，指家令，起源於晉。「晉太康中，為長山長公主置家令一人。宋、齊已後，時有其職。隋氏複置，皇朝因之。」[123]

駙馬，在外人眼中是個身價百倍的主兒，簡直就是幸運之神的化身。但對公主來說，卻是公主的附庸。公主才是駙馬的「太陽」。公主出嫁時，除嫁妝豐渥外，皇帝還會賞賜奴僕給公主，數量不限。也就是說，公主下嫁時是帶著官吏、官署、僕人及大量的財富一起走進公主府的，而這些都是屬於公主個人的，而身居公主府邸的駙馬是無權支配的。

萬壽公主，宣宗李忱長女，宣宗對其鐘愛異常。到了擇婿的年齡，宰相白敏中向宣宗推薦首科狀元鄭顥，「顥銜之，上未嘗言。大中五年，敏中免相，為邠寧都統。行有日，奏上曰：『頃者，陛下愛女下嫁貴臣，郎婿鄭顥赴婚楚州，會有日。行次鄭州，臣堂帖追回，上副聖念。顥不樂國婚，銜臣入骨髓。臣在中書，顥無如臣何；一去玉階，必媒孽臣短，死無種矣！』上曰：『朕知此事久，卿何言之晚耶？』因命左右便殿中取一樫木小函子來，扃鎖甚固。謂敏中曰：『此盡鄭郎說卿文字，便以賜卿。若聽顥言，不任卿如此矣！』」[124]

王徽，京兆杜陵人，大中十一年（857）進士。「時宣宗詔宰相於進士中選子弟尚主，或以徽籍上聞。徽性沖淡，遠勢利，聞之憂形於色。

徽登第時，年逾四十，見宰相劉瑑哀祈，具陳年已高矣，居常多病，不足以塵汙禁臠。瑑於上前言之方免。」[125]意思是說，當時宣宗下詔，要求宰相們在進士中為公主挑選駙馬。有人覺得王徽不錯，就將王徽的詳細情況稟告了宣宗。宣宗聽後便說，只要王徽答應了，就是鄭顥的連襟。王徽生性淡泊，是個不逐名利之人。當他聽說皇帝的意思後，立即憂慮起來。於是他便苦苦請求另一宰相劉瑑，說自己年齡已經超過了四十歲，平日裡就多病，根本不配跟皇家結親。心地善良的劉瑑便在宣宗面前幫他說了好話，才免了這門親事。

在當時，不僅士族子弟「皆辭疾不應」，就連隱士也不肯娶公主為妻。如前述玉真公主的婚事，據《舊唐書》卷一九一〈方伎·張果〉記載，張果為隱士中的高人，隱於恒州中條山。時「**玄宗好神仙，而欲國尚公主，果固未知之，謂秘書少監王迥質、太常少卿蕭華曰：『諺云娶婦得公主，甚可畏也。』迥質與華相顧，未曉其言。即有中使至，宣曰：『玉真公主早歲好道，欲降先生。』果大笑，竟不承詔，迥質等方悟向來之言。**」[126]

此事《明皇雜錄》所載略同[127]。這個故事的真實性雖然值得懷疑，但畢竟代表了部分士人的看法。

（四）駙馬要為早逝的公主守孝

由於封建禮制的尊嚴，服紀制度仍然包括斬衰、齊衰、大功、小功、緦麻五服。在「齊衰」中，又有「齊衰杖周」與「齊衰不杖周」之分。而「齊衰杖周」又有「降服」、「正服」和「義服」之分。「**齊衰杖周……義服……夫為妻。**」[128]「杖周」是指居喪時持杖一周年。「**夫為妻，始死，素冠深衣，不笄纚，不徒跣。**」[129]唐朝禮制還規定，如果先死去的是公主，駙馬就必須為其守喪三年。

岐陽公主，憲宗李純第六女，下嫁宰相杜佑之孫、大詩人杜牧之堂兄杜悰，「開成初，（杜悰）入為工部尚書、判度支。屬岐陽公主薨，久

而未謝。文宗怪之，問左右。戶部侍郎李珏對曰：『近日駙馬為公主服斬衰三年，所以士族之家不願為國戚者，半為此也。杜悰未謝，拘此服紀也。』上愕然曰：『予初不知。』乃詔曰：『制服輕重，必由典禮。如聞往者駙馬為公主服三年，緣情之義，殊非故實，違經之制，今乃聞知。宜令行杖周，永為通制。』[130]至此，駙馬為公主服「斬衰三年」的情況才得以改變，儘管如此，士族娶公主還是望而卻步。

（五）駙馬不易升遷

在唐朝，某男娶了公主後，除會立即加上一個從五品下的「駙馬都尉」職官外。或許還可以加「三品員外官」的官銜。如果是三品，官銜就相當高了。但「三品員外官」則不然。唐朝的職事官包括「正員官」和「員外官」。「員外官」創制於武則天朝。所謂的「員外官」，是指正式編制之外的官，純屬虛銜。如果皇帝對某位駙馬有「恩賞」的話，駙馬是可以當正式的占缺官員。在唐朝，駙馬總共161位。在這些駙馬中，能做到位極人臣的宰相只有2位，部長級的超不過10位，其餘則是所謂的「一官半職」。任何皇帝，是不會輕易去照顧自己的女婿升官，以免平添政治麻煩和是非。再加上駙馬本身多非才情之輩。種種跡象表明，身為駙馬，想在政治上飛黃騰達，非常艱難。

（六）結語

縱觀唐朝的歷史，其皇室公主們的政治地位之高，完全到了傲視天下、藐視天下的地步，尤其是盛唐、中唐時期的公主們。但隨著國勢的逐漸衰弱，公主們的政治地位也隨之滑落，尤其到了晚唐，公主們與天下百姓的女兒沒什麼兩樣，有的甚至還不如天下百姓的女兒。如此地步、如此殘酷，這便是歷史發展的自然規律。

注釋：

[1]陳立、吳則虞，《白虎通疏證》卷一〇，北京：中華書局，1994年，第491頁。

[2]漢·鄭玄注，唐·孔穎達正義，《禮記正義》卷六十八，〈昏義·第四十四〉，上海：上海古籍出版社，2008年，第2274頁。

[3]崔明德，《中國古代和親史》，北京：人民出版社，2005年，第602頁。

[4]北宋·歐陽修、宋祁等撰，《新唐書》卷一一〇，〈阿史那社爾傳〉，北京：中華書局，1975年，第4115頁。

[5]《新唐書》卷一一〇，〈執失思力傳〉，第4117頁。

[6]後晉·劉昫等撰，《舊唐書》卷一九五，〈回紇傳〉，北京：中華書局，1975年，第5200頁；《新唐書》卷八十三，〈諸帝公主〉載：「蕭國公主，始封寧國。下嫁鄭巽，又嫁薛康衡。乾元元年，降回紇英武威遠可汗，乃置府。二年，還朝。」第3660頁。

[7]北宋·王若欽等編，《冊府元龜》卷九七九，〈外臣部·和親二〉，北京：中華書局影印，1960年，第11506頁。《舊唐書》卷一九五，《回紇傳》，第5208頁。《新唐書》卷八十三，〈諸帝公主〉載：「燕國襄穆公主，始封咸安。下降回紇武義成功可汗，置府。」第3665頁。

[8]北宋·王溥撰，《唐會要》卷六，〈和蕃公主·雜錄〉，北京：中華書局，1955年，第75—77頁；《舊唐書》卷一九五，〈回紇傳〉，第5195頁。《新唐書》卷八十三，《諸帝公主》載：「定安公主，始封太和。下嫁回鶻崇德可汗。」第3668頁。

[9]北宋·司馬光編著，《資治通鑑》卷二五五，唐僖宗中和三年七月條後載：「南詔遣布燮楊奇肱來迎公主。詔陳敬瑄與書，辭以『鑾輿巡幸，儀物未備，俟還京邑，然後出降。』奇肱不從，直前至成都。」九月條

後載：「以宗女為安化長公主，妻南詔。」北京：中華書局，1956年，第8297、8300頁。《新唐書》卷八十三，〈諸帝公主〉載安化公主為懿宗次女。第3674頁。

[10]西漢・司馬遷撰，《史記》卷九，〈呂太后本紀〉「太后獨有孝惠與魯元公主」後注。北京：中華書局，1963年，第398頁。

[11]《史記》卷六十五，〈孫子吳起列傳〉。北京：中華書局，1963年，第2167頁。

[12]東漢・班固撰，《漢書》卷一下，〈高帝紀第一下〉「女子公主」條，唐・顏師古注曰：「天子不親主婚，故謂之公主。諸王即自主婚，故其女曰翁主。翁者，父也，言父主其婚也。亦曰王主，言王自主其婚也。」北京：中華書局，1962年，第78頁。

[13]明・陶宗儀，《說郛》卷一〇，〈續事始〉，上海函芬樓影印本，北京：中華書局，1964年，第78頁。

[14]《舊唐書》卷一八三，〈武承嗣傳附太平公主〉，第4738頁。

[15]清・彭定求等，《全唐詩》（增訂本，全十五冊）卷二，北京：中華書局，1999年，第21頁。

[16][18]《舊唐書》卷五十八，〈柴紹傳附平陽公主傳〉，第2315頁。

[17]《唐會要》卷六，〈公主雜錄〉，北京：中華書局，1955年，第67頁。

[19]《舊唐書》卷五十八，〈柴紹傳附平陽公主傳〉，第2316頁。

[20]清・王永彬，《圍爐夜話》，北京：宗教文化出版社，1996年，第327頁。

[21][22][23]《新唐書》卷八十三，〈諸帝公主〉，第3645頁。

[24]《新唐書》卷八十三，〈諸帝公主〉，第3660頁。

[25][26][27]《新唐書》卷八十三，〈諸帝公主〉，第3661頁。

[28]唐・顏真卿,〈和政公主神道碑〉。清・董誥等,《全唐文》卷三四

　　四,顏真卿八,北京:中華書局,1983年,第3490頁。

[29][30]《新唐書》八十三,〈諸帝公主〉,第3665頁。

[31]《新唐書》八十三,〈諸帝公主〉,第3666頁。

[32]《舊唐書》卷十七上,〈文宗本紀〉,第528頁。

[33][34][35]《新唐書》卷八十三,〈諸帝公主〉,第3653頁。

[36]《資治通鑒》卷二〇三,武則天光宅元年第4條,第6417—6418頁。

[37]《資治通鑒》卷二〇三,武則天光宅元年第4條,第6418頁。

[38]《資治通鑒》卷二〇六,武則天聖曆元年第4條,第6529頁。

[39]《舊唐書》卷一八三,〈武承嗣傳附武崇訓傳〉,第4736頁。

[40]《新唐書》卷八十三,〈諸帝公主〉,第3654頁。

[41][42]《資治通鑒》卷二〇九,唐中宗景龍二年第9條,第6623頁。

[43]《資治通鑒》卷二〇九,唐中宗景龍二年第9條,第6625頁。

[44]《資治通鑒》卷二〇八,唐中宗景龍元年條,第6611頁。

[45][46][47][48]《舊唐書》卷一八三,〈武延秀傳附安樂公主傳〉,第4734頁。

[49]《資治通鑒》卷二〇九,景龍二年第9條,第6623—6624頁。

[50]《新唐書》卷八十三,〈諸帝公主〉,第3654頁。

[51]《新唐書》卷三十四,〈五行志一〉,第878頁

[52]《資治通鑒》卷二〇九,唐中宗景龍二年第9條,第6624頁。

[53]《新唐書》卷三十四,〈五行志一〉,第878頁

[54]《新唐書》卷八十三,〈諸帝公主〉,第3655頁。

[55][56][57]《新唐書》卷八十三，〈諸帝公主〉，第3650頁。

[58][59]《資治通鑑》卷二〇二，唐高宗開耀元年第8條，第6402頁。

[60]《資治通鑑》卷二〇八，唐中宗景龍元年第12條，第6614頁。

[61][62]《資治通鑑》卷二〇四，武則天天授元年第13條，第6466頁。

[63][64]《舊唐書》卷一八三，〈太平公主傳〉，第4738頁。

[65]《新唐書》八十三，〈諸帝公主〉，第3651頁。

[66]《舊唐書》卷一八三，〈太平公主傳〉，第4739頁。

[67]《資治通鑑》卷二〇九，唐中宗景龍元年第17條，第6651頁。

[68]《新唐書》卷八十三，〈諸帝公主〉，第3652頁。

[69]《舊唐書》卷一八三，〈太平公主傳〉，第4739頁。

[70]《舊唐書》卷一八三，〈薛懷義傳〉，第4741頁。

[71]《資治通鑑》卷二〇三，武則天垂拱元年第26條，第6437頁。

[72][73]《舊唐書》卷一八三，〈薛懷義傳〉，第4742頁。

[74]《舊唐書》卷一八三，〈薛懷義傳〉，第4743頁。

[75]《資治通鑑》卷二〇五，武則天天冊萬歲元年第6條，第6502頁

[76]《舊唐書》卷一八三，〈太平公主傳〉，第4739頁。

[77]《資治通鑑》卷二〇七，武則天長安三年第12條，第6564頁。

[78]《舊唐書》卷一八三，〈武承嗣傳附賀蘭敏之傳〉，第4728頁。

[79]《全唐詩》卷三十四，中華書局，1999年，第3861頁。

[80]《資治通鑑》卷二一〇，唐睿宗景雲元年第18條，第6659頁。

[81][82][83]〈大唐故金仙長公主志石之銘〉，誌石現藏陝西蒲城縣博物館。

[84]《舊唐書》卷一七八，〈李蔚傳〉，第4626頁。

[85][86]《新唐書》卷八十三，〈諸帝公主〉，第3657頁。

[87]《全唐詩》卷一六七，第1729頁。

[88]蔡瑋，〈玉真公主受道靈壇祥應記〉，《續語堂碑錄》，清・魏錫曾撰，清光緒九年（1883）刻本。

[89]《全唐詩》卷一八二，第1864頁。

[90]《全唐詩》卷一七三，第1881頁。

[91][92]《新唐書》卷八十三，〈諸帝公主〉，第3659頁。

[93]《新唐書》卷八十三，〈諸帝公主〉，第3663頁。

[94]《全唐詩》卷四三六，第4839頁。

[95]《新唐書》卷八十三，〈諸帝公主〉，第3666頁。

[96]《新唐書》卷八十三，〈諸帝公主〉，第3668頁。

[97]《新唐書》卷八十三，〈諸帝公主〉，第3643頁。

[98]《全唐詩》卷四〇，第512頁。

[99][100][101][103]清・董誥等，《全唐文》卷二五七，〈高安長公主神道碑〉，上海：上海古籍出版社，1990年，第1152頁。

[102]《新唐書》卷八十三，〈諸帝公主〉，第3649頁。

[104]《全唐詩》卷九十二，第993頁。

[105]《全唐詩》卷七十三，第802頁。

[106]清・王永彬，《圍爐夜話》，太原：山西古籍出版社，2001年，第98頁。

[107]《新唐書》卷八十三，〈諸帝公主〉，第3648頁。

[108]《資治通鑒》卷一九九，唐高宗永徽四年第1條，第6280頁。

[109]《資治通鑒》卷一九九，唐高宗永徽四年第1條，第6281頁。

[110]《新唐書》卷八十三，〈諸帝公主〉，第3666頁。

[111]唐·張鷟撰，《朝野僉載》，北京：中華書局，1979年，第177頁。

[112]《舊唐書》卷五十二，〈代宗崔妃傳〉，第2190頁。

[113]《資治通鑒》卷二一八，唐肅宗至德元年六月甲午條，第6971頁。

[114]《舊唐書》卷一〇，〈肅宗本紀〉，第240頁。

[115]《舊唐書》卷五十二，〈后妃下〉，第2190頁。

[116]《舊唐書》卷十一，〈代宗本紀〉，第279頁。

[117][119]《舊唐書》卷一二〇，〈郭子儀傳附郭曖傳〉，第3470頁。

[118]《資治通鑒》卷二二四，唐代宗大曆二年第3條，第7194—9195頁。

[120]《舊唐書》卷一四二，〈王武俊傳附王士平傳〉，第3878頁。

[121]《全唐詩》卷三二七，第3666頁。

[122]唐·李林甫等，《唐六典》卷二十九，〈諸王府公主邑司〉，北京：
    中華書局，1992年，第733—734頁。

[123]《唐六典》卷二十九，〈諸王府公主邑司〉，第733頁。

[124]唐·裴庭裕，《東觀奏記》卷上，北京：中華書局，2006年，第88—
    89頁。

[125]《舊唐書》卷一七八，〈王徽傳〉，第4640頁。

[126]《舊唐書》卷一九一，〈方伎·張果傳〉，第5106—5107頁。

[127]唐·鄭處誨，《明皇雜錄》卷下，北京：中華書局，2006年，第30頁。

[128]《新唐書》卷二〇，〈禮樂志十〉，第443頁。

[129]唐・杜佑，《通典》卷八十四，〈喪制二〉，北京：中華書局，1988
年，第2278頁。

[130]《舊唐書》卷一四七，〈杜佑傳附杜悰傳〉，第3985頁。

四、日本遣唐使攷論

遣唐使，是指日本對其古代派往唐朝使團的稱呼。日本遣使入唐承襲隋制。自舒明天皇二年（630，唐太宗貞觀四年）六月派遣犬上三田耜出使唐朝起，到宇多天皇寬平六年（894，唐昭宗乾寧元年）九月止，在這260多年間，處於奈良時代[1]及平安時代[2]的日本朝廷共任命了20次入唐使節，平均13年一次。在被任命的20次遣唐使中，包括任命後因故中止3次、護送赴日唐使3次、迎接赴日唐使1次、菅原道真諫停1次，實際上抵達唐朝國土的只有12次。

遣唐使作為日本國的文化使節，古瀨奈津子認為：「**由日本派出的遣唐使在唐朝始終都被認為是朝貢使。**」[3]意思是說，日本遣唐使主要是起著向中國唐朝政府朝貢，並與之締結外交關係這一政治作用。初期遣唐使團的船隻多為兩艘，成員約有二百人。中後期船隻增至四艘，成員多至五六百人。其人員組成比較龐雜，航線有南路和北路之分。遣唐使抵達唐長安城後，則有朝廷內使引馬出迎，入住長樂驛。在隨後的日子裡，遣使向唐政府朝貢，接受皇帝詔獎、接見使臣、內殿賜宴等，並給予使團大使、副使等授爵賞賜。

（一）背景與目的

倭國，即日本國的別稱。「以其國在日邊，故以日本為名。或曰：倭國自惡其名不雅，改為日本。或雲：日本舊小國，並倭國之地。」[4]「咸亨元年（670），遣使賀平高麗。後稍習夏音，惡倭名，更號日本。使者自言，國近日所出，以為名。」[5]西元四世紀中葉，大和朝廷[6]在基本統一了倭國列島之後，多次向中國的南朝政府遣使朝貢，並請求授予封號。北周大定元年（581）二月十三日，年僅九歲的靜帝宇文闡（573年—581年7月10日，《隋書》作581年7月9日，原名宇文衍，579—581年在位）禪讓帝位於上柱國、左大丞相楊堅（541年7月21日—604年8月13日），楊堅登基，是為文帝，定國號為隋，定都大興城（今陝西西安市）。改元開皇。隋文帝逼迫宇文闡居於別宮，再降宇文闡為介國公，食邑一萬戶，車

服禮樂仍以北周舊制。百濟、倭國、高句麗、靺鞨等相繼朝貢，其中高句麗為「歲貢」。

天下大勢，合分分合。開皇九年（589），隋文帝楊堅發動了一場滅陳戰爭，統一江山。百濟王餘昌奉表慶賀，在其與高句麗關係緊張的局勢下，開始頻繁地向楊隋朝廷朝貢。新羅繼之，倭國大有後來居上之勢。

東漢（25—220）時期，倭國一直與中國保持著密切往來。當時尚未形成倭國，列島上小國林立，各自為政，各自為王，並相互攻伐。「**樂浪海中有倭人，分為百餘國，以歲時來獻見雲。**」[7]光武帝建武中元二年（57），「**倭奴國奉貢朝賀，使人自稱大夫……光武賜以印綬。**」[8]時倭國向東漢朝貢，光武帝遂封其國君為「**漢倭奴國王**」，並授以金印[9]。三國時期（220—280），倭國為了在列島上占取優勢，實現其併吞周邊小國的野心，急需尋傍靠山，故一再主動要求入朝，此舉得到了曹魏政治集團的允准，遂將其納入國家政治關係體系，立即派遣使節前往倭國冊封國王，任命官員，並賜予大量的寶物。倭國最終發展成為列島南半部中最強盛的國家。

聖德太子（しょうとくたいし，574—622），本名廄戶，別名豐聰耳、上宮王等，用明天皇次子，母親是欽明天皇之女穴穗部間人皇女。飛鳥時代[10]的皇族人物。推古天皇元年（593，隋文帝開皇十三年），被冊立為皇太子，《日本書紀》稱他「生而能言，及壯有聖智，一聞十人訴，以勿失能辯」，「仍錄攝政，以萬機悉委。」聖德太子作為一代新生的政治家，為了抑制豪族勢力，革新政治制度，加強皇權，於推古天皇十一年（603），以德、仁、義、禮、智、信定十二級官位，即冠位十二階，依次為「**大德、小德，大仁、小仁，大義、小義，大禮、小禮，大智、小智，大信、小信**」[11]。論功授爵，不得世襲。翌年制定《十七條憲法》。親自主持編修史籍。信奉佛教，曾建造法隆寺等。歿後被尊為聖德太子。其岳父蘇我馬子不遺餘力地助其攝政。

蘇我馬子（551—626），貴族，飛鳥時代傑出的政治家。因其府邸

位於飛鳥河上，穿池築島，故被譽為「島大臣」。蘇我馬子一生仕敏達天皇、用明天皇、崇峻天皇、推古女皇等四朝，連續出任大臣一職長達五十餘年，以外戚身份掌控朝政，權傾朝野，飛黃騰達。《大日本史》稱其有才辨，深敬佛法。推古天皇二十八年（620，唐高祖武德三年），蘇我馬子與聖德太子編纂《天皇記》《國記》《臣連伴造國造百八十部並公民等本記》等史書。

聖德太子意圖建立以天皇為中心的中央集權國家體制，而燃眉之急就是如何能在最短的時間內直接有效地吸收隋朝先進的文化和政治制度。聖德太子治國心切，置國際關係日益緊張於不顧，冒著極大的政治風險先後於倭推古天皇八年（600，隋開皇二十年）、十五年（607，隋大業三年）秋七月、十六年（608，隋大業四年）三月、十六年（608，隋大業四年）九月、十八年（610，隋大業六年）正月、二十二年（614，隋大業十年）六月等先後六次遣使入隋[12]。史載：「開皇二十年，倭王姓阿每，字多利思北孤，號阿輩雞彌，遣使詣闕。上令所司訪其風俗。使者言倭王以天為兄，以日為弟，天未明時出聽政，跏趺坐，日出便停理務，雲委我弟。高祖曰：『此太無義理。』於是訓令改之。」[13]在日語中，「阿每」的意思是「天」，「阿輩雞彌」的意思是「大王」，連在一起，就是「天王」。「大業三年，其王多利思比孤遣使朝貢。使者曰：『聞海西菩薩天子重興佛法，故遣朝拜，兼沙門數十人來學佛法。』其國書曰『日出處天子致書日沒處天子無恙』云云。帝覽之不悅，謂鴻臚卿曰：『蠻夷書有無禮者，勿複以聞。』」[14]在國書中，倭王趾高氣揚，肆意妄為，竟然在隋朝天子面前以「天子」自稱，惹得隋煬帝（569年—618年4月10日，604年—618年在位）非常惱怒，遂交代鴻臚寺：以後再遇到類似這樣缺乏禮貌的蠻夷書信，不必報朕。翌年，倭使回國，隋煬帝派遣文林郎裴世清作為隋使回訪倭國。

此外，日本推古天皇十二年（604，隋文帝仁壽四年）的遣隋使不見文獻記載，但日本平安時代成書的《儒傳》（即《經籍後傳記》）卻提供了可供參考的文字：「以小治田朝（今推古女皇）十二年歲次甲子正月

朔，始用曆日。是時，國家書籍未多，爰遣小野臣因高於隋國，買求書籍，兼聘隋天子。」「始用曆日」，表明日本是在使用了中國曆法之後遣使入隋，同時也是在向世界宣示本國的文教興盛，更是跨入東亞國際文化舞臺的重要標誌。此次遣使入隋是否存在，不可妄斷，仍然有待於文獻及相關資料印證。但據日本舍人親王等人編撰，於養老四年成書的《日本書紀》卷二十二記載，推古天皇十五年（607，隋煬帝大業三年），日本遣隋使使者名叫小野臣因高，即小野臣妹子，或稱小野妹子，入隋後取名「蘇因高」。傳說小野妹子曾犯有失國書之罪，《日本書紀》載：「於是群臣議之曰：『夫使人雖死之，不失旨。是使矣，何怠之失大國之書哉？』則坐流刑。時天皇敕之曰：『妹子雖有失書之罪，輒不可罪，其大國客等聞之，亦不良。』乃敕之不坐也。」作為失書當事人小野妹子居然再次被任命為遣隋大使，對此，日本九州大學川本芳昭認為「小野妹子丟失國書一事，是聖德太子等倭國中樞與小野妹子聯合導演的。」[15]當然，這只是一種推測。

　　義寧二年五月二十日，山西河東慰撫大使、晉陽留守李淵（566年－635年6月25日）接受隋恭帝楊侑（605年－619年，617年－618年在位）的「禪讓」，於大興殿（唐改名太極殿）即位，是為高祖，國號為唐，改元武德，建都長安（今陝西西安市）。由於大唐王朝的政治、經濟及文化空前繁榮和發達，一躍成為東亞最強大的帝國，聲威遠播，對鄰近的日本和亞洲各國同樣具有巨大的吸引力。而日本朝廷通過6次遣隋使，使得朝野上下愈來愈對華夏文化仰慕和嚮往，以至於湧現出了一股學習模仿華夏政治、經濟和文化的巨大熱潮。武德六年（623），遣隋留學僧惠齊、惠日等人在留學多年後回國，直接向推古女王報告大唐帝國所具有最完備的法律典籍和最完善的法律制度，並建議女王派遣使節赴唐學習、取經。為了實現更加直接有效地學習唐朝先進制度和文化的目的，日本朝廷決定組織大型遣唐使團，選派國內最優秀的人才為使臣，留學生、留學僧赴唐。

（二）任命和準備

關於遣唐使的任命，「實際上是按律令制下的官府規模組建的一套有專職的政府機構。」[16]首先包括下列四等官員：大使一人，副使一至二人，判官四人，錄事四人。後又補充了押使、執節使兩職，且均居大使之上。作為受命使唐的押使、執節使、大使或副使，如果能夠平安返回，能被列於參議以上公卿之位者則不在少數。遣唐官員的任命，是「眾多微妙的政治力量共同作用的產物」[17]。

關於四等官員以下人員的構成共分為五類：第一類包括史生、雜使、傔從等；第二類包括譯語（翻譯）、主神（神道教的祭司）、醫生、陰陽師（負責周易占卜和天文觀測）、射手、音聲師（用音樂發送統一行動信號的樂隊長）等；第三類包括知乘船事（船隊總管）、柁師（掌舵長）、挾抄（舵手）、水手長、水手（划船手）等；第四類包括留學生（長期留學生）、學問僧（長期留學僧）、還學僧（短期留學僧）、請益生（短期留學生）等；第五類包括各類技能之士（技術員），如玉生（玻璃製品工）、鍛生（鍛冶鍛金工）、鑄生（翻砂鑄造工）、木工等。隨行人員在出發前，都會得到朝廷的賞賜，賞賜包括設宴餞別、旅途所需及各種日用品等。

1. 建造船隻

遣使入唐，被日本朝廷視為「國事」。建造船隻，往往會作為一項政治任務進行安排佈置。譬如，聖武天皇天平四年（732，唐玄宗開元二十年）任命的第10次入唐的四艘船隻，就是近江、播磨、備中、丹江等國奉命建造。淳仁天皇天平寶字五年（761，唐肅宗上元二年）任命的第14次、淳仁天皇天平寶字六年（762，唐肅宗寶應元年）任命的第15次、光仁天皇寶龜六年（775，唐代宗大曆十年）任命的第16次、光仁天皇寶龜九年（778，唐代宗大曆十三年）任命的第17次入唐船隻皆由安藝國建造。另外，一個最有趣的問題是，入唐船隻除起有各自的名字外，還分別被授予

了類似職官的官階。譬如：文武天皇大寶元年（701，大周武則天大足元年），遣唐執節使粟田真人乘坐的船隻被命名為「佐伯」（從五品下）。孝謙女王天平勝寶二年（750，唐玄宗天寶九載），以藤原清河為大使、大伴古麻呂和吉備真備為副使的遣唐使船隻被命名為「速鳥」、「播磨」（從五品下）。仁明天皇承和元年（834，唐文宗大和八年），遣唐大使藤原常嗣乘坐的船隻被命名為「大平良」（從五品下）等。入唐涉水，任重道遠，風險度高，推測如此命名，寄託著日本朝野對遣唐使節平安歸來的祝願和「唐物數奇」的期盼。

2. 祭祀典禮

當一切都準備妥當之後，在將要出發之前，為了祈求航海順利，還要舉行各種祭祀儀式和典禮。奈良時代在御蓋山麓祭祀神祇，在題為〈春日祭神之月，藤原太后御作歌一首，賜入唐大使藤原朝臣清河〉歌云：「**大船多楫櫓，吾子大唐行。齋祝神靈佑，沿途總太平。**」[18]詩的大意為：大船準備了許多櫓槳，我很放心此子渡海去唐朝，請諸神靈保佑，使其往返一路平安。同樣地，入唐大使藤原朝臣清河也奉歌一首：「**祭神春日野，神社有梅花。待我歸來日，花榮正物華。**」平安時代的祭祀典禮則改在北野舉行。

關於祭祀的場所和內容，在祭祀天神地祇前，祭祀場所需由地方相關部門負責打掃和修繕，祭祀用品由神祇官向太政官打報告申請。祭祀時，大使高聲朗誦祝辭，神部奉以幣帛，儀式結束後，大使以下隨員需以私幣奉天。

3. 授予節刀

在日本天皇當政的律令制時代，節刀（せっと゜がたけ）是天皇為「征夷大將軍」、「太政大臣」或「遣唐使節」御賜的一柄武士刀。刀身呈弧月狀，上繪八重菊皇徽。佚名《本朝軍器攷》載：

> 凡大將出征時均授以節刀。節如犛牛之尾，使者所執也。日皇宮
> 有二寶劍，曰：日月護身劍及三公鬥戰劍。往古王政盛時，征夷
> 大將軍及遣唐大使等出發時儀仗甚嚴，天皇親臨佩劍而授予節刀
> 焉。

授予節刀，就是授予權柄，意味著天皇將一部分權力移交，象徵著權力和榮耀。

成書於鎌倉時代的《平家物語》，是日本物語文學發展後期誕生的載記文學的代表作品，作者信濃前司行長。其書載：

> 古時候，為討伐朝敵而離開都城的將軍，都要有三項決心：在接
> 受節刀的當天把家忘掉；走出家門之後，把妻子忘掉；在戰場和
> 敵人打仗時把性命忘掉。現在平氏的大將維盛和忠度，一定也懷
> 有這種決心吧。想起來，頗令人感慨。

一般情況下，如果天皇出席授予遣唐使節的節刀儀式，則被安排在日本京都為歷代天皇加冕儀式的紫宸殿舉行。遣唐大使在接受節刀之後拜退而出，從此，可以憑藉節刀對其部下獨立執行包括死刑在內的所有懲罰。至於在太政大臣及征夷大將軍和譴唐使節歸朝述職時節刀是否被收回，不得而知。

4. 行前別宴

在遣唐使出發之前，天皇需為押使、執節使、大使、副使餞行。據相關文獻記載，延曆二十二年（803，唐德宗貞元十九年）三月庚辰，桓武天皇將遣唐大使藤原葛野麻呂召至床前，賜酒，並和歌云：「此酒雖不豐，願祝平安歸。」葛野麻呂聞此淚如雨下；侍宴群臣涕泗橫流。天皇「賜葛野麻呂御被三套、御衣一襲、金二百，賜副使石川道益御衣一襲、金一百五十兩。」[19]承和三年（836，唐文宗開成元年）四月壬辰，仁明天皇在紫宸殿為入唐大使藤原常嗣、副使小野篁餞行，大使藤原常嗣高

舉天皇賜酒，仰天一飲而盡，仁明天皇遂命數官員以〈賜入唐使餞宴〉為題賦詩，又將御制漢詩賜予藤原常嗣，藤原常嗣拜謝。天皇「賜大使御衣一襲、白絹御被二條、砂金二百兩，賜副使小野篁御衣一襲、紅娟被二條、砂金一百兩。」[20]

　　當所有的儀式結束後，遣唐使一行列隊趕赴難波港，由神祇官派遣而來的使者在航海之神所居住的住吉社主持舉行遣唐之舶開居祭（船舶下水）儀式。祈求保佑遣唐使船航行順利。當在難波港的儀式結束後，就要登船出發。如果是四艘船，大使須乘坐第一艘，副使乘坐第二艘，並分別負責指揮；判官等分乘第三艘和第四艘，全程各司其職。

（三）規模與路線

　　日本在不同時期所派遣的入唐使節，其組織、規模、航線都有著很大的變化，大體上可分為前期和後期。前期包括第一次至第七次，也就是從舒明天皇時期至天智天皇時期，共三十九年；後期包括第八次至第二十次，也就是從文武天皇時期至宇多天皇時期，共一百九十二年。另外，從前期的最後一次（即第7次），到後期的第一次（即第8次），時間間隔長達三十三年。

第1次

大使：犬上三田耜（即犬上御田鍬）

副使：藥師惠日（一說起士駒）

船隻：二艘

成員：121人，其中留學生、留學僧計21人

入唐時間：舒明天皇二年（630，唐太宗貞觀四年）八月。唐朝使者高表仁隨同回國。

回日時間：第一艘於舒明天皇四年(632，唐太宗貞觀六年)八月；第二艘於孝德天皇白雉五年（654，唐高宗永徽五年）。

第2次

大使：高田根麻呂、起士長丹

副使：掃守小麻呂

船隻：二艘

成員：120人，主要有弁正、道昭等。

入唐時間：孝德天皇白雉四年（653，唐高宗永徽四年）五月。

回日時間：高田根麻呂所乘船只在日本鹿兒島縣薩摩半島附近遇難。

備註：與上次入唐時間間隔二十三年。

第3次

押使：高向玄理

大使：河邊麻呂

副使：藥師惠日

船隻：二艘

入唐時間：孝德天皇白雉五年（654，唐高宗永徽五年）二月。

回日時間：齊明女皇元年（655，唐高宗永徽六年）八月。

備註：與上次入唐時間間隔一年。

第4次

大使：阪合部石布

副使：津守吉祥

船隻：二艘

入唐時間：齊明女皇五年（659，唐高宗顯慶四年）閏十月。

回日時間：第一艘途中漂遊南海，第二艘於齊明女皇七年（661，唐高宗龍朔元年）五月。

備註：與上次入唐時間間隔五年。

　　這一時期的特點是：規模小，人數少，但缺乏應有的渡海經驗，加之組織不甚嚴密，各色人等配備不全。航線一般是沿著朝鮮半島[21]、遼東半島航行，然後橫渡渤海灣口，到山東半島登陸，再經陸路前往長安。

第5次

大使：守大石

副使：阪合部石積

船隻：二艘

入唐時間：中大兄監國四年（665，唐高宗麟德二年）十二月。

回日時間：中大兄監國六年（667，唐高宗乾封二年）十一月。

備註：與上次入唐時間間隔六年。

第6次

大使：伊吉博多

副使：笠諸石

船隻：二艘

入唐時間：中大兄監國六年（667，唐高宗乾封二年）。

回日時間：天智天皇元年（668，唐高宗總章元年）。

備註：與上次入唐時間間隔二年。

第7次

大使：河內鯨

入唐時間：天智天皇二年（669，唐高宗總章二年）。

回日時間：天智天皇三年（670，唐高宗咸亨元年）。

備註：與上次入唐時間間隔二年。

　　這一時期的規模和航線與第一時期的差不多，但其政治意義十分鮮明，西元663年，唐、日在朝鮮進行了白江口之戰[22]。麟德元年（664），唐朝使者郭務悰、劉德高相繼赴日，第5次遣唐使大概就是為了護送唐使劉德高至駐守舊百濟之軍中的。第6次遣唐使極有可能是日本為了修補白江口之戰所造成的唐日關係裂痕而特意派出的。

　　當齊明七年（661，唐高宗龍朔元年）女皇病逝後，日本群龍無首，政局立即處於動盪分化期。皇極天皇之子中大兄皇子只能是以皇太子身份「稱制」的方式處理朝政。自白江口海戰之後，慘敗的日本最擔心的事情就是害怕唐軍乘勝侵入本土。情急之下，唐朝為了進一步震懾日本，相繼派出使者郭務悰、劉德高赴日，其實，這是強國所施展的一種政治策略和手段，更是一種居人於高的魄力和膽識。

第8次

執節使：粟田真人

大使：高橋笠間、阪合部大分

副使：巨勢邑治

押使：多治比縣守

任命時間：文武天皇大寶元年（701，大周武則天大足元年）。

入唐時間：文武天皇大寶二年（702，大周武則天長安二年）六月。

回日時間：文武天皇慶雲元年（704，大周武則天長安四年）七月。

備註：

①與上次入唐時間間隔三十三年。

②副使巨勢邑治於元明天皇慶雲四年（707，唐中宗景龍元年）回國。

③大使高橋笠間、阪合部大分於元正天皇養老二年（718，唐玄宗開元六年）隨第9次遣唐使一同回國。

第9次

押使：多治比縣守

大使：大伴山守

副使：藤原馬養

船隻：四艘

成員：557人，其中：阿倍仲麻呂、吉備真備、大和長岡、僧玄昉等留學生隨行。

任命時間：元正天皇靈龜二年（716，唐玄宗開元四年）。

入唐時間：元正女皇養老元年（717，唐玄宗開元五年）三月。

回日時間：元正女皇養老二年（718，唐玄宗開元六年）十月。

備註：與上次入唐時間間隔十五年。

第10次

大使：多治比廣成

副使：中臣名代

判官：平群廣成

船隻：四艘

成員：594人，榮叡、普照等隨行。

任命時間：聖武天皇天平四年（732，唐玄宗開元二十年）。

入唐時間：聖武天皇天平五年（733，唐玄宗開元二十一年）四月。

回日時間：第一艘船於聖武天皇天平六年（734，唐玄宗開元二十二年）十一月。

備註：

①與上一次入唐時間間隔十六年。

②第二艘船於聖武天皇天平八年（736，唐玄宗開元二十四年）回國。

③第三艘船漂至昆侖，聖武天皇天平十一年（739，唐玄宗開元二十七年），判官平群廣成等經渤海回國。

④第四艘船下落不明。

第11次

大使：石上乙麻呂

任命時間：聖武天皇天平十八年（746，唐玄宗天寶五載），後中止。

備註：任命時間與上次入唐時間間隔十三年。

第12次

大使：藤原清河

副使：大伴古麻呂

副使：吉備真備

船隻：四艘

成員：第二、三艘船共230人。

任命時間：孝謙女王天平勝寶二年（750，唐玄宗天寶九載）。

入唐時間：孝謙女皇天平勝寶四年（752，唐玄宗天寶十一載）閏三月。

回日時間：第二艘船於孝謙女皇天平勝寶五年（753，唐玄宗天寶十二載）十二月，歸途之中，大使藤原清河與阿倍仲麻呂所乘第一艘船漂至安南，後二人在唐為官。

備註：入唐時間與上次任命時間間隔六年。

第13次

大使：高元度

船隻：一艘

成員：99人

任命時間：淳仁天皇天平寶字三年（759，唐肅宗乾元二年）。

入唐時間：同年。

回日時間：淳仁天皇天平寶字五年（761，唐肅宗上元二年）。

備註：

①與上次入唐時間間隔七年。

②為迎接藤原清河回國，隨回國的渤海使同行，經渤海入唐。唐使沈惟嶽相送。

第14次

大使：仲石伴

副使：石上宅嗣、滕原田麻呂

船隻：四艘

任命時間：淳仁天皇天平寶字五年（761，唐肅宗上元二年）。

備註：

①與上次入唐時間間隔二年。

②因船隻破損而中止。

第15次

大使：中臣鷹主

副使：滕原田麻呂

船隻：二艘

任命時間：淳仁天皇天平寶字六年（762，唐肅宗寶應元年）。

備註：因風向原因而中止。

第16次

大使：佐伯今毛人

副使：大伴益立、滕原鷹取、小野石根、大神末足

船隻：四艘

任命時間：光仁天皇寶龜六年（775，唐代宗大曆十年）。

入唐時間：光仁天皇寶龜八年（777，唐代宗大曆十二年）六月。

回日時間：光仁天皇寶龜九年（778，唐代宗大曆十三年）十月、

十一月。

備註：

①與上次入唐時間間隔十六年。

②小野石根等38人及唐使趙寶英等25人搭乘的第一艘遭遇海浪，葬身海底。數天后，第二艘船被折為兩段，船尾上的41人在海上漂流，六天后漂至日本肥後（今熊本縣）天草郡；船頭上的56人則漂流到日本薩摩（今鹿兒島縣）甑島。第三艘船擱淺，維修後勉強回國。第四艘船則漂流到聑羅國（今韓國濟州島），遭到扣留。

第17次

大使：佈勢清直

船隻：二艘

任命時間：光仁天皇寶龜九年（778，唐代宗大曆十三年）。

入唐時間：光仁天皇寶龜十年（779，唐代宗大曆十四年）。

回日時間：桓武天皇天應元年（781，唐德宗建中二年）。

備註：

①與上次入唐時間間隔二年。

②護送唐使孫興應等人至明州（今浙江寧波市）。

第18次

大使：滕原葛野麻呂

副使：石川道益

船隻：四艘

任命時間：桓武天皇延曆二十年（801，唐德宗貞元十七年）。

入唐時間：桓武天皇延曆二十三年（804，唐德宗貞元二十年），空海、最澄、橘逸勢、靈仙等隨行。

回日時間：桓武天皇延曆二十四年（805，唐順宗永貞元年）六月。

備註：

①與上次入唐時間間隔五年。

②第三艘船行至肥前松浦郡庇良島附近海域遇難；第四艘船下落不明。

第19次

大使：藤原常嗣

副使：小野篁

船隻：四艘

成員：651人

任命時間：仁明天皇承和元年（834，唐文宗太和八年）。

入唐時間：仁明天皇承和五年（838，唐文宗開成三年），僧圓仁、圓載、圓行、常曉等隨行。

回日時間：第一艘船於仁明天皇承和六年（839，唐文宗開成四年）八月，第四艘船於同年十月；第三艘船於仁明天皇承和七年（840，唐文宗開成五年）四月。

備註：

①與上次入唐時間間隔三十四年。

②第三艘船自日本築紫出航後，船上140人全部遇難。

第20次

大使：菅原道真

副使：紀長谷雄

任命時間：宇多天皇寬平六年（894，唐昭宗乾寧元年）。

備註：

①此次任命與上次入唐時間間隔五十六年。

②因菅原道真諫阻，遂宣佈中止。

這一時期的遣唐使在外觀規模組織上不弱於第三期，甚至有所超過，但在精神上已是強弩之末。此時唐朝正是「安史之亂」之後，內有藩鎮割據、宦官擅權、朋黨之爭，外有回紇、吐蕃等的入侵，國勢江河日下，文風逐漸衰頹，而日本則是凡可汲取和借鑒的已大體輸入完畢，貴族們也喪失了出沒波濤追求唐文化的熱情和銳氣，而且遣唐使的派遣需要大批經費，日本政府也深感財政日益無力支付，故在宇多天皇寬平六年（894，唐昭宗乾寧元年）任命第20次遣唐使職之後做出了停派遣唐使的決定。

前期入唐的航線一般經由北路，即從難波港（今日本大阪）登舟，向西橫穿瀨戶內海，朝北九州的博多（今日本福岡）航行，經壹岐、對馬海峽，至仁川渡黃海，或沿朝鮮半島西海岸北行，及遼東半島東岸西行，橫跨渤海灣口，從山東半島登陸，然後由陸路向唐都城長安進發。這條航線基本上是沿著朝鮮半島的海岸線航行，安全係數高，但比較費時，而且在沿途中還得需要新羅和百濟的幫助。

後期入唐的航線一般經由南路，即由九州的博多（今日本福岡）登舟南下，經由九州之西的五島列島之值嘉嶼的美彌良久海角徑向西南橫渡東海，再在長江流域的蘇州（今江蘇蘇州）、明州（今浙江寧波）一帶登陸，轉由運河北上南路。整個行程一般十天左右，甚至三天可達，雖耗時日短，但危險性較大，幾乎每次都會發生遇難。比如，大寶時期的遣唐使抵達楚州鹽城縣（今江蘇鹽城）；天平寶字時期的遣唐使抵達明州和越州

（今浙江紹興）；寶龜時期的遣唐使抵達揚州海陵縣；延歷年間的遣唐使船隊在海域走散，第一艘船漂至福州長溪縣，第二艘船抵達明州（今浙江寧波）；承和時期的遣唐使船抵達揚州海陵縣。由此可見，取道南路的船隻除迷失漂流外，其餘全部抵達長江流域。

遣唐使船隻之所以改走南路，研究認為是由於新羅滅百濟，日本在進入奈良時代後，又與統一朝鮮半島的新羅關係惡化，導致無法沿北路入唐，這也是被迫無奈之舉，鑒於此因，「**後期派出的遣唐使頻率大概是每一代天皇一次。**」[23]

（四）接待與安置

當遣唐使船隊抵達唐土後，首先要向當地人詢問所處的時地，以便掌握自己目前所處的地理位置，然後趕赴附近的州縣官署遞交文書。

唐武則天長安三年（703），當遣唐大使粟田真人的船隊剛剛靠近陸地時，來人問曰：「汝為何使？」答曰：「日本國使是也。」遣唐使反問到：「此是何州地界？」答曰：「是大周楚州鹽城縣界也。」在平安時代的承和年間，請益僧圓仁乘坐大使藤原常嗣的第一艘船，「未時，到揚州海陸縣白潮鎮桑田鄉東梁豐村。日本國承和五年七月二日。即大唐開成三年七月二日。」[24]這是仁明天皇承和元年（834，唐文宗太和八年）派出的第19次遣唐使團的第一艘船登陸大唐國土的時間和地點的情形。就在此前一日，因海面風強浪猛，導致同行的第四艘船顛簸其上，眾人無奈，只好任其漂流，後來在長江入海口處擱淺。為了保護船上所載物品，想把船隻曳到海邊，終因人數甚少，遂決定，凡判官以下「取纜引之」。「未時，泛艇從海邊行。漸見江口。終到達江口。逆潮遄流。不可進行。其江稍淺。下水手等曳船而行。覓人難得。儻逢買蘆人。即問國鄉。答云：『此是大唐揚州海陵縣淮南鎮大江口。』」[25]

寶龜八年（777，唐代宗大曆十二年），遣唐使抵達海陵縣的時間是七月三日，而抵達揚州衙署的時間是八月二十九日，期間相隔五十多天。

地方縣州府署首先必須確認遣唐使的總人數，並寫成邊牒（彙報書）向中央政府報告。在報告中央政府的這段時間裡，食宿皆由官方支付。承和五年（838，唐文宗開成三年），遣唐使登陸後，首先要趕赴海陵縣衙「報告」，途經節度使下轄軍隊駐地——白潮鎮、如皋鎮。七月九日，他們到達白潮鎮，鎮大使得知後前去慰問，並進行巡檢。至此，他們才第一次見到了唐朝政府的官員。再經過十多天的跋涉，遣唐使一行到達如皋鎮，「州使來訪，並開始向他們支給生料，鎮大使劉勉也一併到場，實行檢校。」[26]七月二十三日，抵達海陵縣署，縣令出衙迎接，隨後，縣司為每位使者分發奉錢。二十四日，抵達宜陵館，二十五日，抵達揚州城東三里的禪智橋，「大使為通國政。差押官等遣府。」[27]直到八月初一，遣唐大使才獲准進入揚州衙署，拜見了當時的都督李德裕。

　　唐政府對進入長安的遣唐使人數有著嚴格的規定。比如：寶龜八年（777，唐代宗大曆十二年），遣使入朝者四舶，約650人。十月十五日，由副使小野石根和大神未足率隊赴長安的僅有43人，不及總人數的十分之一。延曆二十三年（804，唐德宗貞元二十年），遣唐使者四舶，約650人。九月一日，判官菅原清公僅率領第二艘船上的27人由青州向長安進發。之前的八月十日，大使藤原葛野麻呂所乘的第一艘船漂流至福州長溪縣赤岸鎮南登陸，經過跋涉，五十多天后才抵達揚州。十一月三日，能去長安的也只有23人。承和五年（838，唐文宗開成三年）七月二十五日，第一艘船抵達揚州，八月二十四日，第四艘船如期而至，兩船匯合。十月五日，在大使藤原常嗣的率領下，沿大運河北上長安的也只有35人。唐政府之所以嚴加限制入都使者人數，其主要原因是：一、在赴長安途中的吃住行等所有費用皆由唐政府負擔；二、在唐朝前期，為了長期保持政治、經濟和文化上的優勢，防止資訊或情報的外傳，唐政府制定相關措施限制對外交流。

　　綜上所述，一般情況下，遣唐使抵達州府後，先住一個月到二個月。除少數獲准入京的遣唐使外，其餘使者則留下來，在明州、越州或揚州等地等待。一般情況下，入京使者會在半年之後原路返回駐地。而留下來的

這部分使者，在這段時間裡，可以見聞一些當地所舉行的各類儀禮活動。

揚州建城的歷史可上溯至西元前486年吳王夫差時期，開邗溝，築邗城，故春秋時稱「邗」，秦時稱「廣陵」，漢時稱「江都」等，揚一益二，素有「淮左名都，竹西佳處」之稱，又有「中國運河第一城」之譽。

揚州城城垣周長四十里，「由北部的子城與南部的羅城相接而成，這種構造叫『復郭構造』。子城官府雲集，揚州大都督府、淮南節度使、揚州府衙均在此。羅城為市場與居民區所在。」[28]在子城南門附近，運河水呈南北流向，太平橋位其上，連接東西兩岸。承和時期，遣唐使抵達揚州後，會被安排在官店——平橋館居住。平橋館位於太平橋邊。承和五年（838，唐文宗開成三年）九月。

> 廿九日，大使君贈砂金大十兩。以充求法料。相公為入京使於水館設餞。又蒙大使宣稱。請益法師早向台州之狀。得相公牒。稱。大使入京之後。聞奏得敕牒後。方令向台州者。仍更添己緘書。送相公先了。昨日得相公報。稱此事別奏上前了。許明後日。令得報帖。若蒙敕詔。早令發赴者。聞道。今天子為有人許煞皇太子。其事之由。皇太子擬煞父王作天子。仍父王煞己子云云。[29]

意思是說，遣唐使在入京出發之前，淮南節度使李德裕為之餞行，餞行的地點就設在水館。所謂水館，是指在平橋館由官設的水路旅店。這次，絕大部分的遣唐使未入京而被滯留在揚州水館，其中包括准判官、琵琶高手藤原貞敏，藤原曾攜唐朝《琵琶譜》回國（該書現藏日本宮內廳書陵部，系伏見宮本十一世紀手抄本之一，珍貴無比）。該書後記云：

> 開成三年八月七日，藤原貞敏通過節度使下屬、負責遣唐使事務的軍官王友真，宴請到在揚州的琵琶博士廉承武，並自九月七日始，在揚州開元寺北的水館向他學習琵琶，九月二十九日學成之時，獲贈了琵琶譜。[30]

　　承和時期，請益僧圓仁隨遣唐使入唐，起初，被安排居住在揚州平橋館，後轉居開元寺。開元寺即大雲寺。載初元年（689）秋七月，「有沙門十人偽撰《大云經》，表上之，盛言神皇受命之事。」[31]意思是說：沙門法明等十人獻《大云經》，大肆宣揚「君權神授」，為太后稱帝代唐打造輿論，太后大悅。九月九日，太后登則天樓，大赦天下，改國號為周，改元天授。詔令兩京及天下諸州，各置大云寺一所，供藏經講經之用，度寺僧千人。對參與撰寫《大云經》的僧人皆賜縣公爵位，並賜紫袈裟、銀龜袋，以示尊崇。後至安西、疏勒、以及碎葉城等邊遠地區均建造有大雲寺。

　　關於揚州開元寺，「今此開元寺，江陽縣管內也。揚府南北十一里，東西七裡，週四十裡。從開元寺正北有揚府。」[32]由此可知，開元寺在子城的東南方向，具體是在城內還是在城外？尚待明確。但從節度使李德裕去開元寺的頻繁程度推測，此距羅城不會太遠。

　　圓仁居開元寺時，曾目睹在此舉行的國忌行香儀式。所謂國忌，是指皇帝、皇后的忌日。唐制，遇國忌，皇帝輟朝一日，並禁止飲酒作樂。「凡國忌日，兩京定大觀、寺各二散齋，諸道士、女道士及僧、尼，皆集於齋所，京文武五品以上與清官七品已上皆集，行香以退。若外州，亦各定一觀、一寺以散齋，州、縣官行香[33]應設齋者，蓋八十有一州焉。」[34]就是說：遇到國忌日，要在西京長安及東京洛陽分別確定規模宏大的道觀和寺院各二座，凡京官文武五品以上、清官七品以上，須前往這些寺觀行香。凡地方八十一外州，每州各定一寺、一觀，以供州官行香。唐文宗開成三年（838）十二月八日，圓仁曾在揚州開元寺目睹了唐文宗李昂為其父皇唐敬宗李湛皇帝舉行國忌的全過程：

　　　　八日。國忌之日。從舍五十貫錢於此開元寺設齋。供五百僧。早
　　　　朝。寺眾僧集此當寺。列坐東北西廂裡。辰時。相公及將軍入
　　　　寺。來從大門。相公、將軍雙立，徐入來步。陣兵前後，左右咸
　　　　衛。州府諸司皆隨其後。至講堂前磚砌下。相公、將軍東西別

去。相公行人入東幕裡。將軍西行，入西幕下。俄頃。改鞋澡手出來。殿前有二砌橋。相公就東橋登。將軍就西橋登。曲各東西來。會於堂中門。就座。禮佛畢。即當於堂東西兩門。各有數十僧列立。各擎作蓮花並碧幡。有一僧打磬。唱一切恭敬。敬禮常住三寶畢。即相公。將軍起立取香器。州官皆隨後取香盞。分配東西各行。相公東向去。持花幡僧等引前。同聲作梵。如來妙色身等二行頌也。始一老宿隨。軍亦隨衛。在廊簷下去。盡僧行香畢。還從其途。指堂回來。作梵不息。將軍向西行香。亦與東儀式同。一時來會本處。此頃。東西梵音。交響絕妙。其唱禮一師。不動獨立。行打磬。梵休。即亦雲。敬禮常住三寶。相公。將軍共坐本座。擎行香時。受香之香爐雙坐。有一老宿圓乘和尚。讀咒願畢。唱禮師唱為天龍八部等頌。語旨在嚴皇靈。每一行尾雲。敬禮常住三寶。相公諸司共立禮佛。三四遍唱了。即各隨意。相公等引軍至堂後大殿裡吃飯。五百眾僧。於廊下吃飯。隨寺大小。屈僧多少。大寺卅。中寺廿五。小寺二十。皆各座一處長列。差每寺之勾當。各令弁供。處處勾當。各自供養。其設齋不遂一處。一時施飯。一時吃了。即起散去。各赴本寺。於是日。相公別出錢。差勾當於兩寺。令湧湯浴諸寺眾僧。三日為期。[35]

意思是說：八日這天，國忌齋僧法會在開元寺講堂舉行。時任揚州大都督府長吏兼准南節度使李德裕施捨五十貫錢，用於設齋。這天清晨，州屬諸寺五百僧人畢集於此，列坐於講堂東北西三廂，靜待儀式的開始。到了辰時，節度使李德裕以及監軍使臣官楊欽義如約而至。進入開元寺大門，二人並肩而行，州府諸官緊隨其後，護兵跟隨其後於左右。至講堂前石階時，李德裕與楊欽義分別從東、西兩邊入布幕內，換鞋淨手，之後便出。二人分別登上講堂大殿前之東、西石橋，會於講堂中門，一同就坐禮佛。在講堂的東西兩門，各有數十僧列隊站立，手擎蓮花和碧幡。有一僧人擊磬，當唱完「一切恭敬，經禮常

住三寶」後，節度使和監軍使起身拿取香爐，州縣官吏皆隨其後，取香盞，分與東西兩旁眾僧。此時，節度使面朝東方，在手持蓮花和碧幡的僧眾引導下，並同聲齊唱梵語「如來妙色身」等頌詞。此時，見一老僧身隨節度使，護兵衛於其後，至講堂廊簷下，隨行者一律退下。待節度使行香完畢，並分與眾僧後，節度使在連續不絕的梵音聲中沿原路返回。此時，監軍使面朝西方，行香儀式與節度使相同。二人行香完畢後，複至原座，東西兩旁梵音合響，甚是絕妙。唱禮師起立擊磬，僧眾再唱「經理常住三寶」後結束。節度使與監軍使在原座前，手擎行香時受香之香爐，然後就坐。老僧圓乘頌讀咒願畢後，再由唱禮師為天龍八部等頌唱，每唱完一行，尾皆綴云：「經理常住三寶。」此時，節度使與諸寺住持隨其頌唱敬立禮佛三至四次。至此，整個儀式就算結束，節度使等引領軍士入講堂後大殿內就餐。五百僧人於廊下按所屬寺院分坐用餐，食畢則解散，各自回寺。

遣唐使踏入唐土後，凡入都長安的使節，朝廷會為其頒發詔書，並舉行歡迎儀式。開成五年（840，承和七年）三月二日，僧圓仁從平明出發，行二十里至安香村庭彥宅齋，再行二十里到登州，入開元寺宿。翌日，因趕路磨破腳，只得策杖膝步前行。其具狀云：

日本國求法僧圓仁。弟子僧惟正。惟曉。行者丁雄萬。

右。圓仁等。日本國承和五年四月十三日。隨朝貢使乘船離本國界。大唐開成三年七月二日。到揚州海陵縣白湖鎮。八月廿八日。到揚州。寄住開元寺。開成四年二月廿一日。從揚州上船發。六月七日到文登縣青寧鄉。寄住赤山新羅院。過一冬。今年二月十九日。從赤山院發。今月二日黃昏到此開元寺宿。謹具事由所前。

開成五年三月二日

日本國求法僧圓仁狀[36]

三月三日，僧圓仁拜見登州使君（漢代稱刺史，漢以後用以對州郡長

官的尊稱），被邀上廳裡啜茶，「使君手書施兩碩米、兩碩麵、一斗麵油、一斗酢、一斗鹽、柴三十根，以宛旅糧。」[37]三月四日，在開元寺舉行文宗國忌，「使君。判官。錄事。縣司等總入開元寺行香。使君判官等軍頭吃茶。喚求法僧等賜茶。問本國風俗。齋時。赴張家請。日本三僧。當寺典座僧到彼斷中。」[38]

　　三月五日，武宗詔書到達登州，遂舉行詔書領受儀禮。儀禮在州城內府第的門前庭中舉行。鋪地毯，放置案几，案几上敷紫帷，上置詔書。州判官、錄事、縣令、主簿、軍將、百姓、僧尼、道士等分列於庭院東部，皆面而立。等各自就位後，使君在左右各有十名軍士的擁簇下，從府第中走出。經過一番點名，有二軍將搬挪置有詔書的案幾於使君面前，使君拜之，再取詔書，置於額際揖之。此時，有一軍將跪坐，以袖受詔書，擎至庭中，面北而立：「有敕。」此時，使君、判官、錄事等齊拜，然後，百姓再拜。但僧尼道士不拜。衙官兩人身著綠衫，輪流宣詔，「聲大似本國申政之聲。詔書四五紙許。讀申稍久。諸人不坐。」[39]

　　等詔書宣讀完畢後，使君及以下諸人再拜。錄事、軍將各一人出於庭中，言謝使君後，再奔歸於原位。僧圓仁奉狀答謝：

> 日本國求法僧圓仁。伏蒙給賜米貳碩。麵貳碩。油一斗。醋一斗。鹽一斛。柴三十根。專在微身。無任感戴。圓仁是外藩庸僧。何敢當斯仁惠。實難銷謝。但增悚愧。伏惟使君忠膺天心。榮貴萬城。清風高標。仁政遐敷。軍府晏然。緇素欽仰。圓仁為求佛教。感德遠來。屇遊貴境。幸沐仁德。特垂慈流。撫育窮旅。下情無任感慶之至。謹奉狀陳謝。不宣。謹狀。
> 　開成五年三月五日　　　　　　　　　　日本國求法僧圓仁狀上
> 　使君節下謹空
> 　日本國求法僧圓仁狀上[40]

　　當詔書置於使君面前時，使君須再拜後，並以袖遮之，走下地毯。此

時，有數十官客伏地，屈身而立。隨後，各自散去。

關於這道詔書的具體內容，目前尚存爭議：中國著名學者白化文及日本小野勝年在為《入唐求法巡禮行記》作注時，認為這道詔書是武宗李炎的即位詔書；日本中村裕一指出武宗二月初八即位[41]，而詔書到達登州已經是三月初四或初五，其傳遞速度與當時「赦書日行五百里」的朝廷規定嚴重不符，認為這道詔書可能並非即位大赦詔。

與此同時，僧圓仁又向大唐政府提交了申請巡禮五臺山的公驗：

> 請賜公驗。往赴五台等名山及諸方處巡禮聖跡。尋師學法。僧圓仁。弟子惟正。惟曉等。行者丁雄萬。緣身剃刀衣鉢等。
>
> 右。圓仁等。本心志慕釋教。修行佛道。遠聞中華五台等諸處。佛法之根源。大聖之化處。西天高僧。踰險遠投。唐朝名德。遊茲得道。圓仁等舊有欽羨。涉海訪尋。未遂宿願。去開成四年六月內。到文登縣青寧鄉赤山新羅院。隔生緣於滄溟。忘懷土於海岸。
>
> 幸蒙放任東西。得到使君仁境。今欲往赴諸方。禮謁聖跡。尋師學法。恐所在州縣關津。口鋪及寺舍等不練行由。伏望使君仁造。特賜公驗。以為憑據。伏請處分。牒件狀如前。謹牒
>
> 開成五年三月三日
>
> 日本國求法僧圓仁狀上[42]

所謂「公驗」，是指由官府開具的證件。

遣唐使經過漫長的跋涉，在進入都城長安之前，暫時會被安排在長樂驛居住，長樂驛位於長安東城牆北部第一道門——通化門東七里的滻水河畔的長樂坡上，是朝廷迎來送往的第一個驛站。遣唐使只能在此等待朝廷使者迎接他們入城。寶龜時期，內使趙寶英曾率領朝廷人馬來此迎接遣唐使；延歷時期，內使趙忠曾率30匹飛龍廄仗馬迎接遣唐使入城，並以酒脯

慰勞。在中後唐時期，敕使內使一般都是由皇帝貼身的宦官擔任。宦官趙寶英在寶龜時期曾任內掖令。

遣唐使一路跟隨敕使進入長安城。初唐時期，專供外國使節的居住地在皇城南端──朱雀大街西側的鴻臚客館。中唐時期，出現了具有迎賓館性質的禮賓院，但禮賓院仍歸屬鴻臚寺管理。元和九年（814），置禮賓院於長安城東街的長興坊，承和時期的遣唐使所寄居的禮賓院即位於此處。「凡西渠首領朝見者，皆館供之。」[43]當遣唐使入住外宅後，使院（禮賓院）會臨時安排監使負責照顧和監視他們，監使一般由宦官擔任。在當時，宦官分為三等，即高品、品官、白身層。延歷時期，擔任監使的是高品劉昂。

在唐長安城「三大內」（指太極宮、大明宮、興慶宮）中，規模最大的當屬大明宮。大明宮「位於今西安城北的龍首原上，亦即當時長安外郭城北的禁苑中。其南面的城牆，就是長安城外郭城的北垣。」[44]大明宮初建於貞觀八年（634），名為「永安宮」，翌年改名「大明宮」，未建成而止。到了龍朔二年（662）續建而成，高宗遷大明宮聽政，翌年改名「蓬萊宮」。咸亨元年（670）又改名「含元殿」，至神龍元年（705），重新改為「大明宮」，後則延續不變。

大明宮麟德殿東倚波光荷影的太液池，西距宮城西牆僅90米，牆外即具有藝能人士陪侍皇帝游宴娛樂的機構──翰林院。麟德殿包括前殿、中殿和後殿，與鬱儀樓、結鄰樓、東亭、西亭、會慶亭等渾為一體，是宴享藩使、外臣來朝的主要場所。武周時期即長安三年（703）十月，遣唐大使粟田真人來朝，「則天宴之於麟德殿，授司善卿，放還本國。」[45]

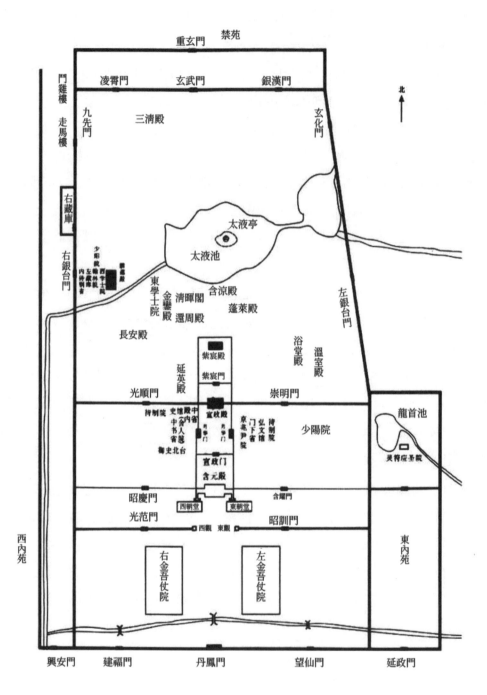

▲圖8 唐長安城大明宮平面圖

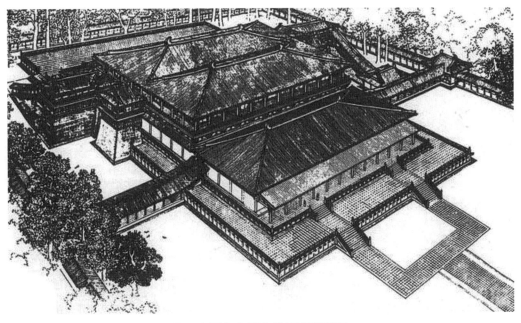

▲ 圖9　唐長安大明宮麟德殿平面圖

　　天寶十二載（753）正月，唐玄宗在朝會上接見藤原清河大使，遂命
朝臣代擬〈敕日本國王書〉：「彼禮義之國，神靈所扶，滄溟往來，未嘗
為患。」[46]還詔命畫工為大使藤原清河及副使吉備吉真畫像藏之於宮中。
命擔任秘書監的日本留學生晁衡（即阿倍仲麻呂）陪同藤原大使參觀府
庫、三教殿及長安名勝。遣唐使回國時，玄宗賜詩〈送日本使〉曰：「日
下非殊俗，天中嘉會朝。念餘懷義遠，矜爾畏途遙。漲海寬秋月，歸帆
駛夕飆。因驚彼君子，王化遠昭昭。」特差鴻臚卿蔣挑捥送至揚州。

　　遣唐使禮見皇帝，也有一套完整的禮見儀式。宣政殿位於含元殿之
後，是大明宮中三個主要正殿的核心，在宣政殿舉行的重大典禮中，其中
有一項是冊立皇太子的儀式。大曆十三年（778）正月十五日，唐朝政府
安排在大明宮宣政殿禮見遣唐使節，這天，代宗並沒有出御，遣唐使將國
信及方物貢上，二十四日，禮見皇帝的儀式在大明宮之延英殿舉行，史載
「請所，並允」，即指獲准皇帝禮見的請求。延英殿是代宗與宰相以下大
臣直接見面議政的殿舍。在內裡設宴，並「差有官賞」。

　　關於遣唐使的朝貢物品，具體包括：國信，國信物。國信物包括「銀
大五百兩，水織絁、美濃絁各二百匹，細絁、黃絁各三百匹、黃絲五百

絇、細屯棉一千匹。」[47]據日本《延喜式》卷三十載：

> 入唐大使，絁六十疋、綿一百五十屯、布一百五十端。副使，絁
> 冊疋。綿一百屯、布一百端。判官，各絁十疋。綿六十屯。布冊
> 端。錄事，各絁六疋、綿冊屯、布廿端。知乘船事、譯語、請益
> 生、主神、醫師、陰陽師、畫師，各絁五疋、綿冊屯、布十六
> 端。史生、射手、船師、音聲長、新羅、奄美等譯語、葛部、留
> 學生、學問僧、傔從，各絁四疋、綿廿屯、布十三端。雜使、音
> 聲生、玉生、鍛生、鑄生、細工生、船匠、柂師，各絁二疋、綿
> 十二屯、布四端。留學生、學問僧，各絁冊疋、綿一百屯、布
> 八十端。還學僧，絁廿疋、綿六十屯、布冊端。

此外，還有額外奉送的物品，稱之為「別送」或「別貢物」，列舉茲
有「彩帛二百匹、疊綿二百帖、屯綿二百匹、紵布三十端、望陀布一百
端、木綿一百帖、出火水精十顆、瑪瑙十顆、出火鐵十具、海石榴油六
斗、甘葛汁六斗、金漆四斗。」[48]「疊綿」是一種平滑的席墊狀的絲綿；
「屯棉」是一種比較厚實的絲綿；「紵布」指的是一種麻布；「望陀布」
是產於望陀郡的一種優質麻布；「出火水精」是一種水晶鏡；「瑪瑙」是
指一種玉髓類礦物質；「出火鐵」是打火時所使用的一種鐵；「金漆」是
指人參木火鷹爪木等樹的脂液，主要用於金屬防銹。

關於遣唐使與皇帝之間的問答，首先是通過皇帝身邊的通事舍人向
遣唐使進行相關的詢問，使者的回答之辭也是通過通事舍人上奏皇帝。據
《日本書紀》齊名五年（659）七月戊寅條引〈伊吉連博多書〉，伊吉連博
多長期活躍於外交領域，頗負眾望。天智元年（662），伊吉連博多從唐歸
日後，曾經迎送過唐使，也曾擔任過遣新羅使，參與編纂《大寶律令》。
〈伊吉連博多書〉是伊吉連博多離唐歸日時向朝廷呈送的報告書。

唐高宗顯慶四年（659）十月二十九日，伊吉連博多一行到達東京洛
陽，被安排在翌日禮見高宗皇帝。據日本文獻記載：

天子相見問訊之：「日本天皇[49]平安以不？」

使人謹答：「天地合德，自得平安。」

天子問曰：「執事卿等好在以不？」

使人謹答：「天皇憐重，亦得好在。」

天子問曰：「國內平不？」

使人謹答：「治稱天地，萬民無事。」

天子問曰：「此等蝦夷國，有何方？」

使人謹答：「國有東北。」

天子問曰：「蝦夷幾種？」

使人謹答：「類有三種，遠者名都加留，次者麁蝦夷，近者熟蝦夷。今此熟蝦夷每歲入貢本國之朝。」

天子問曰：「其國有五穀？」

使人謹答：「無之，食肉存活。」

天子問曰：「國有屋舍？」

使人謹答：「無之，深山之中，止住樹木。」

天子重曰：「朕見蝦夷身面之異，極理喜怪。使人遠來辛苦，退在館裡，更後相見。」[50]

遣唐使在禮見皇帝儀式結束後，皇帝會賜宴於使者，除賞賜使者酒食和樂舞、錦、率、綾、縵、絲、棉外，還會賞賜大使、副使等遣唐使首腦人物官職。譬如，藤原常嗣，承和時期任遣唐持節使，在日本，常嗣曾官拜正三位參議、左大弁、大宰卿。經過比對，唐朝皇帝就賜給他從三品武官官職──兼左金吾衛將軍、從三品武散官官職──雲麾將軍、正三品文官官職──檢校太常卿等，並且在官職後加了「員外置同正員」，表明這些都是虛職，僅僅是名譽上的。儘管所授予的官職都是虛職，但有事會按官

職支給告身（任命書）與官符。如，真人遠成，延歷時期的遣唐使判官，其在日本就官居正五位上兼行大宰大監品階，元和六年（806）在唐獲授正五品上文散官——中大夫（或稱中散大夫）。

一般情況下，遣唐使在接受唐朝官職任命時，除告身外，還會獲授朝服。如養老時期，養老二年（718）正月初十，回國後的遣唐使行拜見之禮時，穿戴的就是唐朝所授朝服。

（五）任用與回國

在遣唐使節中，留學生、留學僧為了報效國家，基本都在學成後歸國，如吉備吉真。但也有在完成學業後十分留戀唐朝，並在朝廷任職，伺機回國的，如阿倍仲麻呂。

阿倍仲麻呂（あべのなかまろ）

大寶元年（701，周武則天大足元年），日本文武天皇任命了以粟田真人為執節使、高橋笠間及阪合部大分為大使、巨勢邑治為副使、多治比縣守為押使的遣唐使主要官員，史稱第八次遣唐使。翌年六月入唐，兩年後，即周武則天長安四年（704，文武天皇慶雲元年）七月回國，而副使巨勢邑治、大使高橋笠間及阪合部大分分別於唐中宗景龍元年（707，元明天皇慶雲四年）及唐玄宗開元六年（718，元正天皇養老二年）返回日本。十五年之後，大靈龜二年（716，唐玄宗開元四年），元正天皇任命了以多治比縣守押使、大伴山守為大使、藤原馬養為副使的第9次遣唐使主要官員，元正女皇養老元年（717，唐玄宗開元五年）三月，四艘船隻搭載557人從難波（今日本大阪市）起航渡海向唐朝進發。其中：十九歲的阿倍仲麻呂、二十三歲的吉備真備（後為日本右大臣）及大和長岡、僧玄昉等留學生同船隨行。「因請儒士授經，詔四門助教趙玄默就鴻臚寺教之，乃遺玄默闊幅布以為束脩之禮，題云『白龜元年調布。』」[51]九月，到達了他

們日夜嚮往的大唐故都──長安城。翌年十月，遣唐使團「所得錫賚，盡市文籍，泛海而還。」[52]但「其偏使朝臣仲滿（即阿倍仲麻呂），慕中國之風，因留不去，改姓名為朝（晁）衡。」[53]阿倍仲麻呂就這樣留在了唐朝繼續深造。

阿倍仲麻呂（698─770），全名阿倍朝臣仲麻呂。亦名朝臣仲滿，入唐後改名晁衡。出生於日本大和國（今日本奈良縣），阿倍家族系日本孝元天皇後裔，父親阿倍船守，官拜中務大輔，位至正五位上。阿倍仲麻呂是家中長子，自幼聰穎，才思敏捷，才華洋溢。

阿倍仲麻呂在國子監太學經過數年的寒窗苦讀，已經非常熟識了《禮記》《周禮》《禮儀》《詩經》《左傳》等傳統文化經典。畢業後，又參加了唐朝的科舉考試，最終以優異成績高中進士。需知，進士是高等文官仕補，它要求深通天下大政，長於詩文，在當時是最受尊重和敬仰的榮譽，因而也是唐土士子拼力爭奪的目標。阿倍仲麻呂作為一個外國人，摘取進士桂冠，表明他的學識出類拔萃。從此成為日本人通過唐朝科考成為進士的唯一的一位。

開元十三年（725），阿倍仲麻呂在皇太子書庫──左春坊擔任司經局校書（正九品下，負責文化典籍整理），並陪同皇太子研習學問。開元十六年（728），任左拾遺（從八品上）。開元十九年（731），擢任門下省左補闕。阿倍仲麻呂自任此職後，經常能在興慶宮見到唐玄宗，唐玄宗在賞識阿倍仲麻呂才華的同時，也特意為他起了一個中國名字叫「晁衡」，之後，便有稱他為「晁卿」、「晁巨卿」、「晁監」、「晁校書」、「日本聘賀使」等。

開元二十一年（733），第八次遣唐使節多治比廣成等人歸國，已經在唐朝工作和學習了17年的晁衡以父母年邁為由，奏請玄宗准允回國。玄宗器重晁衡，捨不得讓他離開，玄宗皇帝的再三挽留，最終未能如願。以後，朝廷不斷為他升官晉爵，歷任儀王友、衛尉少卿、秘書監兼衛尉卿等職。

　　在當時，長安詩壇名家雲集，盛極一時。晁衡經過長安盛唐文化的薰陶，詩歌技巧愈加嫻熟，作為性情中人，與大詩人李白、王維、儲光羲、包佶、趙驊等人交情很深。他們經常蕩舟於曲江芙蓉園，尋覓漢鴻門故址，發思古之幽情，談詩論文。

　　監察御史儲光羲賞識晁衡，曾以《洛中貽朝校書衡》相贈，用「朝生美無度，高駕仕春坊」的詩句讚美他，後來，儲光羲的詩名也因晁衡而遠播東瀛，並被供奉在日本京都的詩仙祠中。晁衡曾把自己的一件日本裘贈給李白，李白很是感動，便在〈送王屋山人魏萬還王屋〉詩中深情寫道：「身著日本裘，昂藏出風塵。」關於「日本裘」，李白自注：「裘則晁卿所贈，日本布為之。」

　　天寶十一載（752，天平勝寶四年）閏三月，以藤原清河為大使、大伴古麻呂及吉備真備為副使的第12次遣唐使抵達長安。在副使中，吉備真備是晁衡同時入唐留學的好友，久別重逢，不勝感慨。翌年三月，第二艘船離唐返國，至此，晁衡入唐已經三十七年，從一位血氣方剛的青年變成為一位五十六歲的老人。晁衡思鄉情切，再次請歸，玄宗感念其仕唐的功勳卓越，割愛允求，並任命他為唐朝的使者護送日本使節回國。任命一個外國人為中國使節，在歷史上確屬罕見，這是一種難得的殊榮。

　　在長安的文朋詩友得知晁衡欲歸國的消息後，紛紛為他餞行。晁衡與尚書右丞、文壇領袖王維有著莫逆之交。當他在歸國前夕，王維以詩〈送秘書晁監還日本國〉送行：「積水不可極，安知滄海東。九州何處遠，萬里若乘空。向國唯看日，歸帆但信風。鼇身映天黑，魚眼射波紅。鄉樹扶桑外，主人孤島中。別離方異域，音信若為通。」[54]王維還專門為此寫了六百餘言的序文，其中寫到：「海東國，日本為大。服聖人之訓，有君子之風。正朔本乎夏時，衣裳同乎漢制。歷歲方達，繼舊好於行人；滔天無涯，貢方物於天子。同儀加等，位在王侯之先。掌次改觀，不居蠻夷之邸。我無爾詐，爾無我虞。彼以好來，廢關弛禁。上敷文教，虛至實歸。故人民雜居，往來如市。」[55]意思是說，大海以東，日本是個

大國。國人受過聖人的訓導，有君子的風度。曆法源自中國的夏曆，服裝也和漢代的中國人相同。兩國相距路程要一年才能到達，但靠了外交使者世代友好。隔著波濤洶湧的無邊大海，日本還是向中國皇帝進貢特產。日本的使者受到優待，禮儀的位置被列在中國王侯的前邊。居住之地，也是有別於安置蠻夷之人的高級賓館。兩國你不詐騙我，我也不欺騙你。你為友好而來，我也向你敞開大門。朝廷實施文明教化，物質文化交流都有好處。所以兩國人民雜居共處，互相往來如在交易場所。王維在熱情歌頌中日友好交往歷史以及晁衡的過人才華和高尚品德的同時，又充分地表達了他們兩人之間的深厚友誼。包佶作〈送日本國聘賀使晁巨卿東歸〉以贈：「上才生下國，東海是西鄰。九譯蕃君使，千年聖主臣。野情偏得禮，木性本含真。錦帆乘風轉，金裝照地新。孤城開蜃閣，曉日上朱輪。早識來朝歲，塗山玉帛均。」[56]晁衡感動，遂揮毫賦詩〈銜命還國作〉：「銜命將辭國，非才忝侍臣。天中戀明主，海外憶慈親。伏奏違金闕，騑驂去玉津。蓬萊鄉路遠，若木故園林。西望懷恩日，東歸感義辰。平生一寶劍，留贈結交人。」[57]在詩中，晁衡抒發了他留戀中國情感，惜別故人和對唐玄宗的感戴之恩，意境深遠，感人至深。它是歌頌中日兩國人民傳統友誼的史詩，千百年來被中日兩國廣為傳誦。後來，〈銜命還國作〉還被收錄在《文苑英華》中。《文苑英華》係李昉、扈蒙、徐鉉等人奉敕編纂，一千卷，與《太平廣記》《太平御覽》《冊府元龜》合稱「宋四大書」。晁衡的〈銜命還國作〉也是《文苑英華》中收錄的唯一的一位外國人的作品。

　　同年六月，晁衡隨藤原清河大使一行辭別長安，前往揚州延光寺邀請鑒真和尚（688－763）東渡。幫鑒真實現了第6次東渡計劃。為了不致重要人員有同遭沒之險，決定分舟乘坐。鑒真及其隨從與副使宿禰胡磨等同船，大使藤原清河與晁衡等同船，普照與吉備真備等同船。十月十五日，他們分乘四船從蘇州起航回國。皎潔的月光撒滿大江，秋水共長天一色，晁衡仰視海天，惜別唐朝，嚮往故鄉，和歌一首曰：「翹首望長天，神馳奈良邊；三笠山頂上，想又皎月圓。」

　　當船航行到阿爾奈波（今日本沖繩島）附近時，突然遭遇風暴襲擊，藤原清河大使和晁衡所乘的第一艘船不幸觸礁，船隻載著170餘人漂流到安南驩州（治所在今越南榮市）一帶。登陸後，又遭橫禍，全船大多慘遭當地土人殺害，倖存者有晁衡、藤原清河等十餘人。其他三艘船隻在經歷了海濤驚險之後，先後也回到了日本，唯獨晁衡的船杳無音信。誤認為晁衡海上遭難的噩耗很快傳遍了長安城。李白聽了不勝悲痛，揮淚寫下了著名的〈哭晁卿衡〉詩篇：「日本晁卿辭帝都，征帆一片繞蓬壺。明月不歸沉碧海。白雲愁色滿蒼梧。」[58]意思是日本的晁卿辭別了都城長安，乘船駛向大海中的故鄉。我那像明月一樣皎潔的朋友，再也不會回來了，他沉到了碧海深處，帶著愁色的白雲遮滿了蒼梧山，悼念我這位友人去世。詩中感情充沛，深切地表達了兩人之間的誠摯友誼，成為中日友誼史上的不朽名作。

　　天寶十四載（755）六月，海水托起晁衡及藤原清河數十人漂回唐朝。在西都長安，朋友們見到晁衡脫險歸來，驚訝之餘驚喜萬分。

　　晁衡在長安看到李白為他寫的悼詩，百感交集，當即寫下了著名詩篇〈望鄉〉：「卅年長安住，歸不到蓬壺。一片望鄉情，盡付水天處。魂兮歸來了，感君痛苦吾。我更為君哭，不得長安住。」

　　天寶年間，日本遣唐使藤原清河等再到長安。由於晁衡的指導，藤原清河大使在朝見時禮儀不凡。驚得唐玄宗說道：「聞彼國有賢君。今觀使者，趨揖有異，乃號日本為禮儀君子國。」並給予破格的優遇，詔命晁衡為嚮導，引日本大使等人參觀大明府庫及收藏佛、道、儒經典的三教殿。又特命畫家給藤原清河等人繪像。正月初一賀正，唐玄宗在含元殿接見各國使臣。從前的席次是新羅、大食居東班；吐蕃、日本居西班。這次使日本和新羅調換了位置，日本大使居東班首位，提高了日本國在唐王朝的國際地位。

　　晁衡重返長安，正值國內政局動盪不安，「十一月甲子（初九），[安]祿山發所部兵及同羅、奚、契丹、室韋凡十五萬眾，號二十萬，反

於范陽。命范陽節度副使賈循守范陽，平盧節度副使呂知誨守平盧，別將高秀岩守大同；諸將皆引夜兵夜發。」[59]天寶十五載（756）六月初九，潼關失守。玄宗蒙塵幸蜀，「乙未，凌晨，自延湫門出，微雨沾濕，扈從惟宰相楊國忠、韋見素、內侍高力士及太子、親王，妃主、皇孫已下多從之不及。」[60]晁衡也隨往避難。直至肅宗至德二載（757）十二月，玄宗自蜀還京，年已六十一歲的晁衡亦隨之往還，繼續仕唐。在肅宗朝，歷任左散騎常侍、兼安南都護、安南節度使，封北海郡開國公，食邑三千戶。大曆五年（770）病逝於長安，時年七十二歲。代宗感其功業，追贈潞州大都督（從二品）。

晁衡仕唐五十四年，歷玄宗、肅宗、代宗三朝，備受恩寵，官至客卿，榮達公爵。同時又是中日兩國友好和文化交流傑出的使者。他以自己的非凡學識和高尚品德贏得了器重和信任。晁衡仕唐期間，實際上是起了民間大使的作用，他為增進中日友好、促進中日文化交流建立了不朽的功勳。

吉備真備（きびのまきび）

吉備真備（695—775），日本奈良時代傑出的政治家、軍事家、學者。原名下道真備，出生在備國下道郡（今日本岡山縣倉敷市真備町）一個武官之家。父親下道國勝，官拜右衛士少尉。

推古女王十七年（609），十五歲的下道真備自願進入平城京的大學寮學習，經過六七年的學習和省試，被授予從八位下的官位。靈龜二年（716），下道真備因其博學藝眾，被選為遣唐交流生。翌年，與阿倍仲麻呂、大和長岡及學問僧玄昉等隨多治比縣守為首的第9次遣使入唐。遣唐使團從難波（今日本大阪市）的三津浦出發，經揚子江口，同年十月一日抵達長安。翌日，唐玄宗頒敕令。十月十六日，在中書省宴請款待，十九日往謁孔廟。

　　在長安鴻臚寺，下道真備拜四門館助教趙玄默為師，「留學受業，研覽經史，該涉眾藝」，對唐代天文、曆法、音樂、法律、兵法、建築等領域知識深有造詣。

　　玄宗開元二十二年（734，聖武天皇天平六年），在大唐學習和生活了十八年的下道真備隨第十次遣使第一艘船循南路返抵日本，從而結束了在唐朝的留學生活。回到日本國的下道真備向天皇獻上《唐禮》一百三十卷，《太衍歷經》一卷，《太衍曆立成》十二卷，《樂書要錄》十卷，寫律管聲十二條，測影鐵尺，銅律管，鐵如方響，弦纏漆角弓、馬上飲水漆角弓、露面漆四節角弓各一張，射甲箭二十只，平射箭十隻等，並帶回了《東觀漢記》。尤其是所帶回的《唐禮》是高宗時的「永徽禮」，對日本朝廷禮儀的完善和改進有著很大影響。《太衍歷經》《太衍曆立成》則促進了日本的曆法改革，使唐代曆法得以在日本推廣和使用。中國早已失傳的《樂書要錄》，現仍在日本保存，成為研究唐代音樂的重要資料。下道真備在大唐留學時就已是圍棋高手，傳說圍棋的棋盤、棋子最初都是下道真備從大唐帶到日本之後才傳播開的，但此說目前尚有爭議。

　　下道真備深受聖武天皇及光明皇后的賞識。同年升為正六位下，被任命為大學助，輔導四百多名學生學習大唐的先進文化。後來，下道真備利用漢字的偏旁和部首對創制日文字母「片假名」和「反切法」起到過重要的作用。天平九年（737）升為從五位下，並從大學寮調任皇太后的正宮次官。同年十二月二十七日升為從五位上，任中宮亮並兼右衛士督要職，負責宮廷防衛。天平十二年（740），光明皇后內侄藤原廣嗣為奪取政權在大宰府掀起叛亂，意欲除掉下道真備和僧玄昉。不久，藤原廣嗣被鎮壓。翌年，下道真備作為東宮學士，向皇太子阿倍內親王（即後來的孝謙天皇、稱德天皇）傳授《禮記》和《漢書》等中國文化典籍。天平十五年（743），升為從四位下，轉任春宮大夫，兼東宮學士。天平十八年（746）十月十九，天皇頒敕令：從四位下下道朝臣真備賜姓為吉備朝臣。此後的史料中才正式出現吉備真備之名。

翌年，吉備真備卸任春宮大夫及東宮學士，轉任右京大夫。天平勝寶元年（749）夏，孝謙女皇受禪即位，吉備真備升任從四位上官位。翌年，任大納言兼紫薇中台令的藤原仲麻呂開始專權，貶吉備真備為築前守（福岡縣長官），再貶為肥後守（熊本縣長官）。此時，朝廷正在醞釀遣唐使團名單，吉備真備上書朝廷，要求赴唐，朝廷予以批准。

天平勝寶二年（750），年屆五十五歲的吉備真備被補選為以藤原清河為大使的第12次遣唐使節，與大伴古麻呂一道出任副使。天寶十一載（752，天平勝寶四年），使團抵達長安後，玄宗親自接見他，贈予銀青光祿大夫、秘書監及衛尉卿官銜。並與玄宗開元五年（717，元正女皇養老元年）第9次同行入唐的阿倍仲麻呂相會於長安。

吉備真備歸國後，被升敘為正四位下，先後轉任九州太宰少貳、大宰大貳。從此遠離了他的傷心地——奈良。在這段時間裡，主要是修正曆學，即用太衍曆取代了儀鳳曆。天平勝寶八年（756），為了防止新羅侵犯，吉備真備在築前修築了怡土城。天平寶字二年（758），奉命在大宰府防備唐土安祿山之亂。天平寶字五年（761），兼任西海道節度使。天平寶字八年（764），惠美押勝擔心吉備真備在九州重握兵權，遂將其調回，委以東大寺營造長官閒職，七十歲的吉備真備識其陰謀，稱病不出。回到了平城京（今日本奈良市），暗中被孝謙皇帝委以統率軍隊之實權，作為中衛大將指揮討伐軍，以鎮壓藤原惠美押勝（即藤原仲麻呂）叛亂之功，升為從三位。天平神護元年（765），被授予勳二等。翌年，擢升大納言（太政官次官），正三位。神護景雲三年（769），擢升從二位，轉任右大臣兼中衛大將。與左大臣藤原永手连袂執掌朝政。

吉備由利，是吉備真備的妹妹。在鎮壓藤原惠美押勝（即藤原仲麻呂）叛亂之後，與其兄長一起受到稱德女皇的信賴，作為親信擔任典藏之職。寶龜元年（770），吉備真備通過妹妹得到獨自出入稱德女皇寢宮的權力，向群臣傳達稱德女皇的旨意。此間，曾奉稱德女皇之命，與掌握軍權的藤原永手成功地扳倒法王道鏡。同年八月四日，女皇逝世，吉備真備等

擬擁立天武天皇之孫文室淨三為繼承人。而左大臣藤原永手等主張按稱德
女皇遺詔立天智天皇之孫白壁王。結果藤原永手獲勝，敗北的吉備真備歎
息道：「長生之弊，逢此失敗之恥。」

　　寶龜元年（770），光仁天皇即位後，七十六歲的吉備真備以年老為
由上表請辭：

> 力不勝任而勉強為之必廢，心不逮而極者必惛。真備自忖所奏均
> 屬實情。蓋天平寶字八年，真備已七十歲整矣。該年正月，任職
> 於太宰府時，奉調我因任築造東大寺長官而入京。時軍事叛亂突
> 起，緊急中執掌軍務，事畢因微功而屢被擢提，多辭未果。今年
> 邁多病急待醫治。國家要務不可空缺。病身必將貽誤工作而有損
> 於端揆。何況我身兼數職，實令人汗顏無地自容。今啟奏讓賢，
> 望皇恩允准以遂心願……

　　光仁天皇只准其辭去兼職的中衛大將之職，仍然慰留右大臣之位。翌
年，再次請辭，得到許可。寶龜六年（775），吉備真備去世。著有《私教
類聚》《養老律令（刪定）》《道璿和上傳纂》等。

　　在日本，以學者身份位至大臣的，僅有吉備真備和管原道真兩人。對
吉備真備的留學之行，日本史學界曾評之為「虛往盈歸」。

（六）客死與葬埋

　　一般情況下，凡遣唐使中的留學生、留學僧等在長安學習結束後，往
往都會隨著某次遣使船隻回國。在願意留下來繼續學習的特別的優秀者，
往往會被安排在朝廷擔任職務，起初，官銜不大，地位不高，可逐漸擢
升。

　　事實上，有些事情卻很難預料，譬如：對客死唐朝的留學生、留學僧
等，

若身亡，使主、副及第三等已上官聞奏。其喪事所須，所司量給；欲還蕃者，則給輦遞至境。諸蕃使主、副五品已上給帳、氈、席，六品已下給幕及食料。丞一人判廚事，季終則會之。若還蕃，其賜各有差，給於朝堂，典客佐其受領，教其拜謝之節焉。[61]

　　朝廷規定，除喪葬費用皆由官方付給外，還會按照死者生前官職品級的高低給予不同的喪葬規格。除阿倍仲麻呂在歸國途中因遭遇風暴襲擊，不得已又輾轉踏上唐土外，還有作為改革派主要成員、第3次遣使入唐押使高向玄理、譯經高僧靈仙，以及「才稱天縱」的井真成皆病故於唐土。

　　井真成，由於文獻闕載，備受困惑。2004年西安出土的〈井真成墓誌銘〉令遣唐使研究者為之眼前一亮，對研究古代中日文化交流史具有重要的學術價值。

　　報載：2004年4月，西北大學博物館副館長賈麥明先生從西安八仙庵古玩市場一位擺攤人那裡獲知，擺攤人徵集到從西安市東郊某建築工地出土的日本遣唐使井真成的墓誌一合，西北大學博物館考慮到不能使井真成的墓誌銘流落民間，故立即從擺攤人那裡徵集了回來。井真成的墓誌銘呈正方形，志蓋為覆斗狀，青石質，邊長37釐米，蓋頂篆書「贈尚衣奉御井府君墓誌之銘」12字；墓誌為漢白玉質，正方形，邊長39.5釐米，厚7釐米。銘文楷書「贈尚衣奉御井公墓志文並序」，171字，其中9個字呈殘缺狀，疑出土時被鏟車鏟壞。由西北大學歷史博物館新收藏。墓誌銘全文如下（缺字已由專家增補）：

> 贈尚衣奉御井公墓志文並序
>
> 公姓井，字真成。國號日本。才稱天縱，故能銜命遠邦，馳聘上國。蹈禮樂，襲衣冠；束帶立朝，難與儔矣。豈圖強學不倦，問道未終；壑遇移舟，隟逢奔駟。以開元廿二年正月六日，乃終於官弟，春秋卅六。皇上哀傷，追崇有典；詔贈尚衣奉御，葬令官

給。即以其年二月四日，窆於萬年縣滻水東原，禮也。嗚呼！素車曉引，丹旐行哀；嗟遠人兮頹暮日，指窮郊兮悲夜台。其辭曰：壽乃天常，哀茲遠方；形既埋於異土，魂庶歸於故鄉。

▲圖10　井真成墓誌蓋拓本（賈麥明供圖）

▲圖11　井真成墓誌銘拓本（賈麥明供圖）

　　其大意是：日本人井真成，有曠世之才，作為使節受命出使異邦，活躍於中國。他學儒家之道，習治世風範，正襟叩朝，氣度無與倫比。豈料潛心上學，聞道未終；時光荏苒，如馴之過隙，於開元二十二年正月初六日，卒於官第，享年三十六歲。玄宗皇帝慟傷，按禮數頒詔彰顯，加封尚衣奉御，葬費官家支付。當年二月初四，葬於萬年縣滻水東岡。嗚呼，喪車前導，靈幡舉哀，啊，永別了！暮日遠郊，棺槨蒼涼。辭曰：壽乃天常，哀播遠方；骸骨雖葬於異國，魂魄終歸於故鄉。

　　井真成卒於唐玄宗開元二十二年（734，日本聖武天皇天平六年）正月初六日，按「春秋卅六」往上推算，可知井真成的生年當在武周聖曆元年（698，日本文武天皇二年）或聖曆二年（699，日本文武天皇三年）。與阿倍仲麻呂同歲，或者小一歲。如果推算妥當，則說明井真成是以留學生身份[62]，隨從多治比縣守為押使，大伴山守為大使的第九次遣使入唐。入唐時間為元正女皇養老元年（717，唐玄宗開元五年）三月。也就意味著井真成是與阿倍仲麻呂、吉備真備、大和長岡、僧玄昉等留學生一同邁入唐土。當年，井真成十八歲，或者十九歲。還有研究者認為，井真成是隨著以多治比廣成為大使、中臣名代為副使、平群廣成為判官的第10次遣使入唐，入唐時間為玄宗開元二十一年（733，聖武天皇天平五年四月），此年，井真成已經三十五歲。從年齡上來說，入唐稍有偏大。

　　井真成墓誌的發現，在日本學界引起了轟動。日本《朝日新聞》曾在頭版頭條位置以〈發現遣唐使墓誌、侍奉過玄宗皇帝、與阿倍仲麻呂是同期留學〉為題，對井真成做了突出報導。日本專家感慨，這是首次發現遣唐使時代的史料，為世人提供了「神馳日中古代文化交流史的一級史料」。

　　關於「詔贈尚衣奉御」，尚衣局，是隋唐時期的官署名。「隋門下省有御府局監二人，大業三年（607）分屬殿中省，其後又改為尚衣局。」[63]唐置「奉御二人，從五品上；直長四人，正七品下；主衣十六人。尚衣奉御掌供天子衣服，詳其制度，辨其名數，而供其進御；直長為之

貳。」[64]據唐史研究專家黃正建先生統計，在唐朝宮廷擔任尚衣奉御職務的官員共有二十六人。在這些任職的人中，大多出自皇親國戚、勳臣之後、或者是具有專門技能之士，如閻立德、白志善等都任過此職。從某種角度看，尚衣奉御是一種榮耀官職，代表著皇帝的寵愛。

關於井真成的故鄉，日本公佈為大阪府藤井寺市。藤井寺市曾向中國方面提出希望得到井真成墓誌銘複製品的心願，並決定在藤井寺市佈置展廳，以作永久供奉。

關於井真成的死因，墓誌銘曰：「壑遇移舟」，典出《莊子·太宗師》：「夫藏舟於壑，藏山於澤，謂之固矣。然而夜半有力者負之而走，昧者不知也。藏小大有宜，猶有所遯。」大意是在闡說生老病死及為道修身的義理。舟、山比道，壑、澤喻身。「壑舟」比喻事物變化不可避免。從「壑遇移舟，隙逢奔駟」推斷，井真成很可能是積勞成疾而死。

關於井真成的獲贈官銜，有人認為井真成是走了阿倍仲麻呂的後門，但有人並不認同。所謂「贈官」，是指朝廷對功勳的祖先或本人死後追封的一種官銜，是中國古代重要的榮譽賞賜制度之一。在唐朝，贈送官銜範圍不僅僅局限於國內，而且也對蕃國君臣，以及入唐朝貢使節。凡獲贈官職者，必須要有官位。由此推斷，井真成在日本很可能就是一位中層官吏，所以，唐朝會考慮給予執行朝貢公務的外國使節乃至使團人員以優待，如果客死唐朝，特別是兩京之地，往往也能獲贈官銜。

據日本東京春秋社出版的《慈覺大師傳》記載：日本朝廷議定遣唐使時，對使節團成員的遴選原則是「隨業擇人」。人選可以上至中央官僚機構，下至地方官衙學府，但涉及朝廷輿服制度的相關職務，非京官莫屬。因此，井真成很可能就是擔當上述諸官中的某一職務。「如疾病死喪，量事給之。還蕃，則佐其辭謝之節。」[65]

（七）貢獻與廢止

在漫長的中古歷史進程中，唐朝，無論是政治、文化，還是經濟、外交，都達到了一個非常鼎盛時期，在289年間，太宗朝的「貞觀之治」和玄宗朝的「開元盛世」，可謂時代的標誌。

唐朝政治

唐朝的政治開明，以《唐六典》為例，題名御撰，李林甫等奉敕注。實際情形是：「開元十年（722），中書舍人陸堅被旨修六典，唐玄宗李隆基手寫白麻紙凡六條，曰理典、教典、禮典、政典、刑典、事典，令以類相從，撰錄以進。」[66]《唐六典》實為陸堅、張說、蕭嵩、張九齡、徐堅、韋述等撰，李林甫修訂注釋，成書於開元二十六年（738），三十卷，三十萬字，歷時十六年。首列三師三公三省六部九寺五監一台十二衛為目，述其職司、官佐、品秩，以及沿革一併入注。其中：三師，即太師、太尉、太保，訓導之官，皆正一品。三公，即太尉、司徒、司空，論道之官，皆正一品。三省，即中書省（高宗時稱西台、右省、中書省，武后時稱鳳閣，中宗睿宗時又稱中書省，玄宗開元元年改稱紫微省，開元五年後復稱中書省，肅宗時亦稱中書省）、門下省、尚書省。中書省是決策機關，門下省是審議機關，尚書省是執行機關。中書省長官為中書令（高宗時稱右相、中書令，武后時稱內史令，中宗睿宗時稱中書令，玄宗時初稱紫微令，後稱中書令，肅宗時稱中書令），正三品。門下省長官為侍中，正三品。尚書省長官為尚書令，正二品。六部，即吏部、戶部、禮部、兵部、刑部、工部，六部長官各設尚書一員，正三品，侍郎一至二名，正四品上。每部又轄四司。九寺，即太常寺、光祿寺、鴻臚寺、衛尉寺、宗正寺、太僕寺、大理寺、司農寺、太府寺。五監，即國子監、少府監、北都軍器監、將作監、都水監。一台，即御史台。《唐六典》對研究唐王朝國家形態、組織規模、行政職能、官吏編制等均屬第一手資料。1973年，日本廣池千九郎、內田智雄合校宋明《唐六典》諸本。

唐朝宗教

　　宗教在唐朝有著很高的地位和影響力，宗派主要有天臺宗、華嚴宗、法相宗、淨土宗和禪宗。天臺宗奉《法華經》，又稱為法華宗。華嚴宗奉《華嚴經》。禪宗則分南、北二宗，南宗創立者慧能主張「頓悟說」；北宗創立者神秀主張「漸悟說」。武宗朝對佛教採取高壓政策，史稱「會昌滅佛」。因唐室姓李，又傳為老子之後，因此，道教在唐朝的上流社會非常流行。高宗曾追尊老子為太上玄元皇帝。玄宗朝也大力提倡道教，並且還在科舉考試中增設道舉。另外，還有伊斯蘭教、拜火教、摩尼教、景教等外來宗教。但影響力都比較小。

唐朝詩歌

　　唐朝的詩歌達到了中國古詩不可逾越的巔峰。初唐時期，被稱為「初唐四傑」的王勃、楊炯、盧照鄰、駱賓王最著名。盛唐時期，以「詩佛」王維、孟浩然、韋應物、柳宗元為代表的田園詩派，以及以高適、岑參、李頎、王昌齡為代表的邊塞詩派呼聲最高，王昌齡擅七絕，風格雄渾，格調高昂，詩有「不盡之意，見於言外」的餘韻，有「七絕聖手」之譽。「詩仙」李白和「詩聖」杜甫更是稱霸詩壇。崔顥題武昌黃鶴樓詩，為世所頌，嚴羽《滄浪詩話》稱其詩為「古今七律第一」。中唐時期，白居易以及元稹、韓愈、柳宗元、劉禹錫、李賀等成果卓著。又湧現出了「詩囚」孟郊、賈島，北宋文學家蘇東坡〈祭柳子玉文〉：「元輕白俗，郊寒島瘦。」意思是指他們二人的詩風清峭瘦硬，好作苦語，簡嗇孤峭，寒涼淒冷。代宗朝大曆年間，詩壇上湧現出了十位活躍的詩人，「（盧）綸與吉中孚、韓翃、錢起、司空曙、苗發、崔峒、耿湋、夏侯審、李端皆能詩齊名，號『大曆十才子』。」[67]十人皆擅長五言律詩，吟詠山水，歌頌升平，多屬應制之作。以郎士元、錢起成就最高。郎詩溫秀蘊藉，稍趨浮響；錢詩體格清新，理致清淡。晚唐時期，出眾者如李商隱、杜牧，並稱「小李杜」。清人彭定求等10人奉敕編纂《全唐詩》，康熙為之賜序，故

又稱《欽定全唐詩》，九百卷。以清初季振宜《唐詩》（七百七十卷）為藍本，參取明人胡震亨《唐音統籤》（一千三百三十三卷）增訂而成，共收錄唐及五代作者2837人，詩歌49403首，殘句一千餘條。

唐朝散文

　　初唐時期，依然盛行自六朝以來的駢文文體形式，駢文講究聲韻、對偶、典故，辭藻華麗，以四字句和六字句組成。馳名者當屬「初唐四傑」（即王勃、楊炯、盧照鄰、駱賓王）及「文章四友」（即崔融、李嶠、蘇味道、杜審言）。到了天寶年間，由於古文運動的勃然興起，尤其以韓愈的散文獨領風騷，北宋文學家蘇軾在〈潮州韓文公廟碑〉中稱其「文起八代之衰，而道濟天下之溺」。唐朝的古文運動在文體革新運動主將韓愈、柳宗元身後逐漸衰退，「自愈沒，其言大行，學者仰之如泰山、北斗雲。」[68]古人以泰山為五嶽之首，北斗為眾星所拱，比喻韓愈是受人仰慕的傑出人物。到了唐末，駢文再度興起。唐朝的韓愈、柳宗元和宋朝的歐陽修、蘇洵、蘇軾、蘇轍、王安石、曾鞏的散文成就最高，被後世稱為「唐宋八大家」。清嘉慶十九年（1814），董誥、徐松等仿《全唐詩》體例，以清內府舊藏《唐文》為藍本，並從《永樂大典》、四部典籍、釋典、道藏、方志及碑帖等書中采輯唐人遺文，編纂而成《全唐文》，一千卷。共收唐、五代作家3035人，文20025篇，並附有作者小傳。

唐朝小說

　　傳奇，作為中國古典小說的一種體裁形式，興於隋，盛於唐。文言，短篇，情節多奇特神異。沈既濟作〈枕中記〉、李朝威作〈柳毅傳〉、蔣防作〈霍小玉傳〉、元稹作〈鶯鶯傳〉、白行簡作〈李娃傳〉、李公佐作〈南柯太守傳〉等不勝枚舉，有的甚至被後世改編成戲劇和白話小說。

唐朝繪畫雕刻

　　由於吸納了西域畫派的技法及宗教色彩，初唐時期，宮廷畫師閻立本、閻立德兄弟擅畫人物，畫聖吳道子擅畫佛道人物，筆跡磊落，勢狀雄峻，富於立體感。曾在長安及洛陽寺觀作佛道宗教壁畫300餘間。所畫人物衣褶有飄動之勢，人稱「吳帶當風」，又稱「吳裝」。之後，主要有張萱的〈仕女搗練圖〉〈虢國夫人游春圖〉，周昉的〈簪花仕女圖〉等傳世之作。唐朝的壁畫氣象萬千，如莫高窟與墓室壁畫都是傳世精品。唐朝的雕刻藝術如敦煌、龍門、麥積山及炳靈寺石窟都非常著名。龍門石窟的盧舍那大佛和四川樂山大佛都令人讚歎不已。昭陵六駿、帝王陵寢石刻組合以及墓葬三彩陶俑精美異常。活躍在開元年間的楊惠之和吳道子同師張僧繇筆法，號為畫友。後見吳名聲漸重，於是焚毀筆硯，專攻雕塑，有「塑聖」之譽。時有「道子畫，惠之塑，奪得僧繇神筆路」之說。曾在各地寺院製作過許多塑像，著有《塑訣》，惜已佚。

唐朝書法

　　初唐時期，書法家以弘文館學士、渤海縣男歐陽詢及秘書監、永興縣子虞世南為代表。歐楷筆力嚴整，勁險刻厲，碑刻有正書〈九成宮醴泉銘〉〈化度寺碑〉〈虞恭公碑〉〈皇甫誕碑〉等，隸書有〈房彥謙碑〉等，行書墨蹟有〈夢奠帖〉〈卜商帖〉等傳世。虞楷筆致圓融，外柔內剛。正書碑刻有〈孔子廟堂碑〉等，虞世南、歐陽詢與褚遂良、薛稷並稱「初唐四大書家」。中唐時期，書法家以顏真卿、柳公權為代表。顏楷用筆肥厚，氣勢開張，顏行遒勁鬱勃，剛健灑脫，有〈多寶塔碑〉〈麻姑仙壇記〉〈顏勤禮碑〉〈爭坐位帖〉〈自書告身〉〈祭侄文稿〉等傳世；柳楷結構勁緊，骨力遒健，自成面目。有〈玄秘塔碑〉〈金剛經〉〈神策軍碑〉〈蒙詔帖〉〈送梨帖題跋〉傳世，世稱顏柳書法為「顏筋柳骨」。草書以張旭、僧懷素為代表，有「草聖」之譽。

唐朝音樂舞蹈

「制禮作樂」是中國古代「文治」工作之一。「樂」分祭祀樂和娛樂。以宮廷音樂為例，有雅樂、清樂、燕樂、四方樂及散樂之分。太常寺是執掌郊廟禮樂祭祀事務的專門機構。太樂署和鼓吹署是專門負責宮廷音樂的創作和表演，以及樂人的培養和管理等。太宗時期，平高昌得高昌樂，後將其併入原有的燕樂、清商樂、西涼樂、天竺樂、高麗樂、龜茲樂、安國樂、疏勒樂、康國樂而成為十部樂。高宗以後，十部樂逐漸衰落，音樂家開始研究新樂舞。玄宗時期，因其本人擅羯鼓等樂器，加之長於作曲，有〈霓裳羽衣曲〉〈小破陣樂〉等流傳。玄宗曾將十部樂分為坐部伎和立部伎，親選坐部伎三百人，號梨園弟子。李龜年和永新娘子皆名噪一時。舞蹈乃樂之容，有獨舞、對舞和隊舞之分，另有字舞、花舞和象舞。著名的有《七德舞》《上元舞》等，曲目有先唐大麯和唐大麯，《教坊記》列唐大麯曲目有〈踏金蓮〉〈綠腰〉〈涼州〉〈薄媚〉〈賀聖樂〉〈千秋樂〉〈後庭花〉〈大寶〉〈迎仙客〉等四十六首，著名宮廷樂師有李龜年、李琬、裴承恩裴大娘兄妹、龐三娘、公孫大娘及杜秋娘等。

唐朝修史

唐朝廷有專門的史館，陸續奉詔修史，計有《晉書》《陳書》《北齊書》《周書》《隋書》等。加上李延壽私撰的《南史》和《北史》，在二十四史中，就有七史出自唐人之手，約占總數的三分之一。除此而外，杜佑歷三十五年撰成政書《通典》，凡二百卷。劉知幾撰成《史通》，凡二十卷四十九篇。其內篇三十六篇，多論史書源流、體例和編撰之法。外篇十三篇，多論史官建置沿革和史書得失。李吉甫撰地理總志《元和郡縣誌》，凡四十卷。

唐朝醫學科技

醫學家孫思邈被譽為一代「藥王」，撰《千金要方》和《千金翼方》，論述各種疾病數百種，收集方劑近萬帖，是中國最早的臨床百科全書。

僧一行精通曆法和天文，又與梁令瓚同制黃道遊儀，並根據南宮說等一組測量，歸算出相當於子午線一線的長度。

唐朝西都長安城與東都洛陽城的人口均超過百萬之眾，但城市規劃嚴整。木結構建築規模雄渾，氣魄豪邁。以致於周邊諸如日本平安京、新羅平壤城及渤海國上京龍泉府等都在仿照長安城建造。唐朝的佛塔融合了中國與印度的多種造型元素，呈現出了千變萬化之態。來自印度初期的大乘佛教、中國禪宗南宗派的重要典據《金剛經》（全稱《金剛般若波羅蜜經》）的印製是世界上已知最早的雕版印刷。

唐朝科舉制度

科考是隋唐以來以考試選拔官吏的制度。在唐朝，分科取士進入了一個新的發展時期。唐朝的學校以官辦為主。中央設國子監，「掌邦國儒學訓導之政令，有六學焉：一曰國子，二曰太學，三曰四門，四曰律學，五曰書學，六曰算學。凡春、秋二分之月，上丁釋奠於先聖孔宣父，以先師顏回配，七十二弟子及先儒二十二賢從祀焉。」[69]國子監主要招收貴族官僚子弟。唐朝的科舉有常舉和制舉之分。常舉指每年進行考試，有明經、進士、明法、明書、明算諸科，另有一史、三史、開元禮、童子、道舉諸科。進士科主考詩賦政論，難度頗大，但其是主要的高官進身之階。太宗朝以後，為了減少考官閱卷時舞弊的可能，又創立了糊名、謄錄等制度。長安二年（702），武則天又增設武舉。制舉則是皇帝特詔臨時舉行的考試。

奈良時代，日本深受唐朝的影響，三論宗、成實宗、法相宗、俱舍

宗、華嚴宗、律宗，被稱為「奈良六宗」。統治階層興辦佛教事業，興建佛教寺院，以求天下太平，民眾富裕，國家繁盛。遣唐使後期，在眾多的學問僧裡，最澄、空海、常曉、圓行、圓仁、惠運、圓珍及宗睿最為著名，被譽為「入唐八大家」。他們的貢獻尤其是在傳入唐朝圖書經卷上影響深遠。

高僧最澄，十四歲出家，貞元二十年（804），以學問僧的身份隨第18次遣唐使船抵達唐土，從道邃、行滿習天臺教觀，又從禪林翛然受禪法，後至越州（治今浙江紹興）龍興寺從順曉受密法，回國時，從臨海龍興寺帶去《法華經》等章疏一百二十八部三百四十五卷，還有王羲之等名家碑帖拓本十七種。回到日本後，在比睿山大興天臺教義，正式創立日本佛教天臺宗。臨海龍興寺遂成為日本天臺宗祖庭，為歷代日本天臺宗僧人和信徒所矚目。空海，信佛而做居士。日本延曆十四年（795，唐德宗貞元十一年）於奈良東大寺受具足戒。日本延曆二十三年（804，唐德宗貞元二十年），以學問僧的身份與最澄同隨第18次遣唐使船抵達唐土研習佛教密宗教義。初住長安西明寺，遍訪各地高僧。與醴泉寺般若與牟尼室利交流《華嚴經》，又隨曇貞交流悉曇梵語。又從青龍寺東塔院惠果受獻藏界和金剛界曼荼羅法，自號「遍照金剛」。獲得了密教正宗嫡傳名位和向後代傳法的身份。惠果圓寂後，奉憲宗命撰寫碑文。元和元年（806，日本大同元年），除攜帶大量的佛典、經疏、法物外，並帶走了《劉希夷集》《王昌齡集》《朱千乘詩》《王智章詩》《詔敕》等大批詩文作品和書法作品。回國後，初住京都高雄山寺從事傳法灌頂，兼任東大寺別當、統轄一寺僧職，補大僧正位。曾為醍醐天皇講授《後漢書》，天皇賜弘法大師。撰有《聾瞽指歸》《三教指歸》等。《弘法大師全集》也在中國出版。常曉圖籍三十一部六十三卷，佛像數尊，佛具數件；圓行圖籍六十九部一百二十三卷，佛舍利三千多粒；圓仁圖籍五百八十五部七百九十四卷；惠運圖籍一百八十卷；圓珍圖籍四百四十一部一千卷，碑銘拓本數種；宗睿圖籍一百三十四部一百四十三卷，佛舍利七十粒等。

大化革新之後，日本設立了大學國學制，內有四門學科。日本雖有

自己的語言，但沒有本民族的文字。留學生和留學僧所帶回的大批漢語典籍和漢譯佛經，使漢語得到了廣泛的普及，進而出現了以漢字的音和意來記錄日本語音的方法。進入平安時代的中後期，在經過對漢字長時間的消化、吸收和改造，終於有了表記自己語言的文字——假名。將漢字的一部分省略或草體化而創造適應自己的表音文字。據說，日本的假名表「五十音圖」是以印度的悉縣（梵語韻母）學和中國舶音韻學為背景而產生的。奈良時期的文學同樣深受中國文學的影響。譬如，日本史上第一部較為完備的史書《日本書紀》，從體例到語言都模仿了《漢書》；日本人創作的第一部詩集《懷風藻》皆為七言詩，且詩風深受王勃、駱賓王的影響。日本現存最早的漢文小說《蒲島子傳》的題材及文體樣式皆類似於唐傳奇色彩。佛教興盛也為日本奈良時期的建築藝術帶來了極大的發展。佛寺的佈局和建築風格與唐朝寺院極其相似，如正殿在寺院中心位置，正殿前有中門等。而其中的國分寺和東大寺盧舍那佛便直接是模仿唐朝的大雲寺和洛陽龍門盧舍那佛而建的。至於當時的都城平城京，其面積雖只有唐長安城的四分之一，但就其結構的規劃設計而言則完全參照了長安城，除此之外，唐朝的典章律令、繪畫、雕刻、音樂、醫學等都曾通過遣唐使這座橋樑對日本奈良時期的文化產生過或多或少的影響，甚至連圍棋、相撲、馬球等體育活動都是從唐朝傳入的。這一切的一切，皆歸功於遣唐使。所以，完全有理由說唐文化是奈良文化的源頭。

在日本歷史上，經過二百多年對唐政治和文化的吸收，並在已經基本完成了一系列改革，在萌生具有日本特色的國風文化的基礎上，尤其是在政治方面，開始進入「閉關鎖國」的狀態。因此，對唐文化的需求已經不是那麼迫切。加上唐朝赴日貿易頻率也在不斷俱增，從而彌補了只能依靠遣唐使節來滿足對唐代物品的需求。再加上晚唐政治凋敝、各地武裝風起雲湧導致政局動盪不安等因素，據《扶桑略記》載，寬平六年（894，唐昭宗乾寧元年）「八月，參議、左大辨菅原道真為遣唐大使，紀長谷雄為副使。」九月十四日，宇多天皇接受了已被任命，但尚未出發的第20次遣唐大使菅原道真在著名書法家（與嵯峨天皇、空海並稱「三筆」）、第18次

遣唐使橘逸勢的建議下，上書〈請令諸公卿議定遣唐使進止狀〉，其中，菅原道真請願到：

> 右臣某，謹案在唐僧中瓘去年三月附商客王訥等所到之錄記，「大唐凋弊」載之具矣。更告「不朝之問，終停入唐之人」。
>
> 中瓘雖區區之旅僧，為聖朝盡其誠。代馬越鳥，豈非習性？臣等伏撿舊記。度度使等，或有渡海不堪命者，或有遭賊遂亡身者。唯未見至唐有難阻饑寒之悲。如中瓘所申報，未然之事，推而可知。臣等伏願，以中瓘錄記之狀遍下公卿博士，詳被定其可否。
>
> 國之大事，不獨為身。且陳欵誠，伏請處分。謹言。寬平六年九月十四日大使參議勘解由次官從四位下兼守著大辯行式部權大輔春宮亮菅原朝臣某。[70]

翌年，宇多天皇「遂罷遣使」。

（八）作用與影響

作為中日文化交流傑出的使者——日本遣唐使節，千百年來，在中日兩國依然有著很大的魅力和影響。

阿倍仲麻呂記（紀）念碑

1978年，西安市和奈良市協議，在兩市為中日友好往來的先驅者阿倍仲麻呂各建一座紀念碑，以供後人瞻仰和緬懷。翌年，西安之碑在唐興慶宮遺址（今西安市興慶公園內）內落成，由建築大師張錦秋設計，漢白玉砌築，仿唐結構，碑高5.36米，正面刻有「阿倍仲麻呂記（紀）念碑」八字，背面鑴刻其事蹟，柱頂四側為櫻花和梅花浮雕，柱基採用蓮瓣雕飾，柱板上刻日本遣唐使船浮雕，兩側分別是李白〈哭晁卿衡〉詩和阿倍仲麻呂〈望鄉〉詩，整體建築具有典型的唐代建築風格和深邃的中日文化內

涵。

　　日本現代作家依田義賢創作了話劇《望鄉詩》，以歌頌阿倍仲麻呂的豐功偉績和他與中國詩人的深情厚誼。

空海紀念碑

　　1982年，為了紀念空海（774—835）留學的事蹟，空海故鄉日本國香川、德島、高知、愛媛等四縣政府與中國西安市政府協議，在西安市東郊青龍寺建立「空海紀念碑」。碑高10米，由青石漢白玉相間砌成。最上面有五塊造型別致的石頭，是從日本運來的，代表空風火水土。碑身上刻「空海紀念碑」五個字，前四個字是日式寫法，「碑」字是古代寫法，所以沒有「丿」。碑座之上有波浪狀的花紋，代表海，寓意空海和尚千里迢迢渡海來到大唐求經的不易。最上為空，最下為海，連起來就是空海，不得不說設計構思之精細。整個造型奇特，自然潔靜，穩重大方，神似空海和尚坐在船上西渡的形象。

吉備真備紀念碑園

　　1986年5月8日，在吉備真備將唐代文化傳入日本1250周年之際，由中日雙方合建的吉備真備紀念碑園在唐朝國子監遺址（今西安市南門東側）落成。紀念園採用中日合璧風格，借取日本枯山水手法，以石子鋪路，做成水流狀；還有一株盤於花架的百年老藤，枝條蒼勁，根深葉茂，別開生面。園內用一塊未經斧鑿的天然花崗岩建造了一座吉備真備紀念碑。正面鐫描吉備真備畫像，並由日本友人岡崎嘉平太題寫碑名；背面用中、日兩種文字刻寫碑文，其中日文版本採用的是片假名，用以紀念吉備真備發明瞭片假名。

　　2004年5月18日，陝西文物代表團專程赴日，向日方贈送井真成墓誌複製品和墓誌原件拓片，被日本奉為國寶級文物。大阪府副知事、藤井寺

市長、大阪府日中友好協會副會長等出席受贈儀式，並表示了對中國政府的真誠謝意。當日下午，在大阪府藤井寺市舉行了隆重莊嚴的恭迎墓誌及安靈儀式。5月21日，井真成的家鄉大阪府藤井寺市舉行儀式，恭迎1300年前的老祖先井真成「魂歸故里」。他們裝飾了花車，裝載了墓誌，穿戴了專門製作的衣飾，高舉彩旗，敲鑼打鼓，在市里遊行，氣氛有如節日般喜慶。一位青年裝扮成井真成，身著唐朝官服，頭戴烏紗，手持笏板，被男女老少簇擁著走在遊行隊伍的前頭。之後，又在該市一座碩大的航船模樣的樓宇建築裡舉行了井真成墓誌（複製品）的安放和展出儀式，藤井寺市市長井關和彥和陝西文物代表團團長馬力分別致辭，表達了良好的祝願。2006年8月24日，井真成墓誌銘在日本東京國立博物館展出時，日本天皇親臨參觀。隨後在井真成的故鄉成立了井真成研究會，並發行了井真成紀念郵票，還打算用井真成作為這座城市的形象。

　　2010年，在平城京遷都1300年之際，大阪電視臺在繼《聖德太子》《大化改新》後，製作了第三部古代史電視劇《大佛開眼》，該劇主人公即吉備真備，扮演者吉岡秀隆。通過對吉備真備、孝謙女皇、藤原仲麻呂、僧玄昉、橘諸兄、行基法師等歷史人物的塑造，栩栩如生地再現了那個時代的喜怒哀樂與愛恨情仇。

唐招提寺

　　唐招提寺，日本佛教律宗建築群。位於奈良市西京五條。天平寶字三年（759），由唐高僧鑒真主持建造，這座具有中國盛唐建築風格的建築物被日本奉為國寶。院大門上紅色橫額「唐招提寺」係日本孝謙女皇仿王羲之、王獻之字體所書。寺內松林蒼翠，庭院幽靜，殿宇重重，有天平時代的講堂、戒壇，奈良時代的金堂，鐮倉時代的鼓樓、禮堂及天平時期的佛像、法器和經卷。御影堂前有鑒真墓，院中植有來自中國的松樹、桂花、牡丹、芍藥和揚州的瓊花等名花異卉。主殿金堂坐落在約1米高的石台基上，正開七間、側開四間。金堂內供奉盧舍那佛像，通高3.70米。金堂後

面為面寬九間、單簷歇山頂講堂，也是日本的國寶。佛像兩側有小亭，形狀似轎，是當年鑒真講經之地。興盛時，唐招提寺僧徒達三千人。講堂庭院的藏經室，收藏有1200多年前鑒真從唐土帶去的經卷。

在御影堂內供奉著鑒真坐像，高二尺七寸，面向西方，雙手拱合，結跏趺坐，團目含笑，兩唇緊斂，是表現鑒真圓寂時的姿態，已被定為日本國寶。每年僅開放三天供人瞻仰。日本著名畫家東山魁夷曾為御影堂繪製〈雲影〉〈濤聲〉〈黃山曉雲〉〈揚州薰風〉〈桂林月宵〉及〈瑞光〉等六十八幅屏障壁畫。

皇太子參觀「大遣唐使展」

2010年4月2日，由陝西省文物交流中心與日本奈良國立博物館、《讀賣新聞》大阪本社、NHK奈良放送局等共同主辦的紀念平城遷都1300年「大遣唐使展」拉開帷幕。共展出文物259件（套），其中包括陝西省文物交流中心提供的客死長安的遣唐使留學生井真成的漢白玉質方形墓誌，以及有關珍貴文物。全方位立體地展示了隋唐時期兩國互遣使節、加強友好往來的歷史畫卷。4月22日，日本皇太子德仁參觀了該展。還出版了《遣唐使展》大型文物藝術展覽畫冊。

日本仿製遣唐使船迎接上海世博會

為了迎接2010年5月的上海世博會，由日本角川文化振興財團、讀賣新聞公司等機構成立了遣唐使船再現專案執行委員會，以日本飛鳥時代及平安時代（西元七世紀至九世紀）的遣唐使船為藍本，在中國張家港市長明造船有限公司建造一艘與原船同樣大小的遣唐使船。該船全長33.60米，寬9.20米，頭尾高翹。通體以紅白為主色，船體內核為鋼結構，外表皆為木質結構，用去150多立方米來自江西井岡山的老杉材，及100多立方米的雜木。以柴油為動力，帆、槳、錨、舵等一應俱全，共三層，頂層陳列當

年遣唐使節用以祈禱的佛龕，以及用於辟邪的魚叉和銅鐘。同時，遣唐使船再現專案執行委員會表示：先將船運回日本舉行隆重的下水儀式，從當年遣唐使出發地——大阪港出航，重走使船實際航行過的日本瀨戶內海航線，再前往長崎五島列島。此後將被裝運抵達上海世博會會場附近。日本遣唐使船活動代表、著名演員渡邊謙表示：「他們的先祖冒著生命的危險來到中國進行的這一番文化交流，是非常有意義的。他們現代的這些遣唐使也懷著這樣的心情來到我們中國，今後也將會一直地這樣交流下去。」參加完世博會的「日本周」活動結束後，仿製的遣唐使船被運回日本。

（九）結語

在平安時代「入唐八大家」之外，特別值得一提的還有靈仙和圓載。靈仙於桓武天皇延曆二十三年（804，唐德宗貞元二十年）入唐留學。唐憲宗元和五年（810），奉詔在醴泉寺譯經，圓寂於五臺山靈境寺。圓載於仁明天皇承和五年（838，唐文宗開成三年）入唐留學，在唐40年，玄宗詔其入宮講經，賜予紫袍，萬分榮耀。消息傳回日本，仁明天皇特令赴唐的圓珍帶來敕牒，表彰圓載「勤求聖道」，賜號「傳燈法師」。唐僖宗乾符四年（877），圓載決定落葉歸根。回國前，陸龜蒙以詩〈聞圓載上人挾儒書泊釋典歸日本國更作一絕以送〉相贈：「九流三藏一時傾，萬軸光淩渤澥聲。從此遺編東去後，卻應荒外有諸生。」[71]不料歸途遇險，葬身海底。

二百多年間，日本遣唐使一批接一批地不畏艱險，斬濤劈浪，抵達唐土，為加強日中文化交流做出了不可磨滅的貢獻，隨著時間的推移，在動盪不安的政局中落下帷幕，最終歸於寂靜。

注釋：

[1]奈良時代：亦稱「奈良朝」。在日本歷史上，指元明天皇遷都平城京（今奈良市西）為都城的時代，自元明天皇和銅三年（710）起，到桓武天皇延曆十三年（794）遷都長岡京（在今京都府）止。前期，以天皇為中心的統治集團繼續推行律令制，注重農耕，興修水利，獎勵墾荒，社會經濟發展勢頭良好。對外大量吸收中國唐朝文化，又通過唐朝文化接觸到印度和伊朗文化，從而出現了日本第一次文化全面昌盛的局面。屢屢派遣文化使者、留學生、留學僧等來到唐朝，如阿倍仲麻呂、吉備真備、粟田真人、僧最澄、僧空海等，這樣一批又一批的遣唐使節在推動日本佛教建築、美術和文學繁榮起著極大的作用。後期，貴族跋扈，內爭紛起，導致天皇專職國家的經濟發生動搖，中央集權體制因內訌在逐漸削弱。奈良時代經過了85年，歷經元明（女）、元正（女）、聖武、孝謙（女）、淳仁、稱德（女）、光仁、桓武等八代天皇。在這個時期，文學金字塔當為大伴家持編纂的《萬葉集》。《萬葉集》收集了西元4—8世紀中長短和歌約四千五百首，二十卷，文字均用漢字標音，即所謂「萬葉假名」。作者上至天皇，下至庶民，真實地反映了古代日本人民樸素的生活情感。是研究日本古代史的重要資料。此外，現在還保存著日本最古老的史書《古事記》、最古敕撰史書《日本書紀》、最古漢詩集《懷風藻》等。日本的典章制度無一不效法大唐。唯一沒有學去的就是科舉制度，日本不實行科舉制度是因為他們一直有著貴族管理模式，不願意把權利分散到全國老百姓手中。天平年間（729—748）為奈良文化的全盛時期，故又稱「天平文化」。

[2]平安時代：在日本歷史上，指幕府政治以前以平安京（今京都市）為都城的時代。延曆十三年（794），朝廷與貴族勢力之間的矛盾日益激化。桓武天皇為了削弱權勢貴族和僧侶的力量，在打倒僧道鏡而取得統治實權的藤原種繼的支持下，決定遷都山背國（今京都府中南部）的長

岡，離開了貴族和大寺院等守舊勢力盤根錯節的平城京。希望借此獲得平安、吉利、安寧與和平。但守舊勢力企圖加以阻止，將倡議遷都的藤原種繼殺害。史稱「平安京遷都」。奈良時代經過了四百餘年，歷經桓武、平城、嵯峨、淳和、仁明、文德、清和等33代天皇。平安時代的中後期，日本出現了表記自己語言的文字──假名。桓武朝以後，諸代天皇也積極推行一系列改革。嵯峨天皇，809─822年在位，為加強天皇權力，對政府機構進行了整頓，設置了號稱「令外官」的藏人和檢非違使。藏人侍於天皇左右，掌管機密文件，傳達天皇詔效，檢非違使執掌京都軍事、員警、審判事宜。淳和天皇詔修成養老令官撰注《令義解》十卷，清和天皇在制定《貞觀格式》（32卷）的同時，又改進了宮廷儀式。後鳥羽天皇建久三年（1192），源賴朝開創鐮倉幕府，平安時代宣告終結。

［3］日·古瀨奈津子，《遣唐使眼裡的中國》，武漢：武漢大學出版社，2007年，第1頁。

［4］後晉·劉昫，《舊唐書》卷一九九上，〈東夷·日本傳〉，北京：中華書局，1975年，第5340頁。

［5］北宋·歐陽脩，宋祁，《新唐書》卷二二〇〈日本列傳〉，北京：中華書局，1975年，第6208頁。

［6］大和朝廷，即大和（今奈良縣）地方古國。中央政權通稱「大和朝廷」。形成於西元三世紀，據南朝梁沈約《宋書》載：自永初二年（421）至升明二年（478），倭王讚、珍、濟、興、武等相繼遣使來宋，其中，武（即雄略天皇，457─479在位）受封安東大將軍，後因豪族專擅，王權敗落，645年，孝德天皇大化改革，大和時代宣告結束。

［7］東漢·班固撰，《漢書》卷二十八下，〈地理志第八下〉，北京：中華書局，1962年，第1658頁。

[8]宋・範曄撰，唐・李賢等注，《後漢書》卷八十五，《東夷列傳》，北京：中華書局，1965年，第2821頁。

[9]「漢倭奴國王」金印，日本光格天皇天明四年（1784，清乾隆四十九年）出土於日本九州北部築前粕屋郡志賀島葉崎（今福岡市東區粕屋郡志賀町），是兩個分別名叫秀治、喜平的佃農在一塊耕地的水溝中發現，領主黑田只花了一點點糧食就將其弄到手並收藏起來。印為方形、純金，邊長2.3釐米，高2.3釐米，底座厚約0.8釐米，重108.7克。上有成團狀的蛇鈕，蛇身劃線，佈滿魚子紋(顆粒狀凸紋)鱗，頭部刻二眼。篆文分三列以陰文刻有「漢委奴國王」，一般讀作「漢倭奴國王」。出土後輾轉百年，直至1979年，黑田家族的後人才把它捐給（一種說法是借給）了日本福岡市博物館展示。

[10]飛鳥時代，是以政治中心為奈良縣的飛鳥地方（即當時的藤原京）而得名。約始於推古女王元年（593），止於元明天皇和銅三年（710）遷都平城京，上承古墳時代，下啟奈良時代。飛鳥時代分前期、中期和後期，前期為推古女王元年（593）至推古女皇元年（645），是蘇我稻目之子蘇我專權時代；中期為孝德天皇大化二年（646）至天武天皇朱雀元年（672），是曲折發展時期，在位的天皇受到了左右兩翼勢力的打壓而進退維穀；後期為天武天皇白鳳元年（673）至元明天皇和銅三年（710），日本最終到達了盛世的奈良時代。

[11]韓昇：《遣唐使和學問僧》，北京：中華書局、上海：上海古籍出版社，2010年，第10頁。

[12]關於倭國遣隋使的次數，學術界尚有爭議，中日學者的意見也有很大的分岐：（日）木宮泰彥著，胡錫年譯，商務印書館1980年版《日中文化交流史》認為只有3次；（日）森克己著，至文堂1990年版《遣唐使》、（中）張聲振著，吉林文史出版社1986年版《中日關係史》、（日）上田雄在著，草思社2006年版《遣唐使全航海》說是4次；王勇著，高等教

育出版社2000年版《日本文化：模仿與創新的軌跡》說是6次。造成上述差異的主要原因是文獻記載上的關失，中國文獻《隋書》卷八十一〈倭國列傳〉及《隋書》卷三〈煬帝紀〉記載遣隋使為4次，即第一次、第二次、第三次、第五次；而日本文獻《日本書紀》記載了3次，即第2次、第4次、第6次。除第2次互見外，兩者合計為6次。

[13]唐‧魏徵等撰，《隋書》卷八十一，〈東夷傳‧倭國傳〉，北京：中華書局，1973年，第1826頁。

[14]《隋書》卷八十一，〈東夷傳‧倭國傳〉，第1827頁。

[15]王勇：《東亞座標中的遣隋唐使研究》，北京：中國書籍出版社，2015年，第22頁。

[16]《遣唐使眼裡的中國》，第10頁。

[17]《遣唐使眼裡的中國》，第11頁。

[18]日‧無名氏著，楊烈譯：《萬葉集》（下），昆明：湖南人民出版社，1984年，第770頁。

[19]《遣唐使眼裡的中國》，第14頁。

[20]《遣唐使眼裡的中國》，第15頁。

[21]朝鮮半島：朝鮮語조선반도，韓國稱韓半島（한반도），是一個東緣半島，三面環海。東北與俄羅斯相連，西北部隔著鴨綠江、圖們江與中國相接，東南隔朝鮮海峽與日本相望。西、南、東分別為黃海、朝鮮海峽、日本海（朝鮮稱「朝鮮東海」、韓國稱「東海」）環繞。由半島本土和三千三百個大小島嶼組成，面積21.4萬平方公里。半島本土上有朝鮮和韓國兩個國家，境內多山，山地和高原占全境總面積的80%。由於朝鮮半島北部的鴨綠江和圖們江的源頭幾乎都是發源於同一點，使朝鮮半島與歐亞大陸之間沒有陸地交接點相連，被鴨綠江和圖們江一條「海峽」分隔，儼如一「島」。海岸線長約八千七百餘公里。又因朝鮮半島

南北跨度近三千朝鮮裡，因而又被稱為「三千里江山」。

[22] 白江口之戰，亦稱「白村江海戰」。指唐高宗龍朔三年（663）八月
二十七日至八月二十八日，唐朝、新羅聯軍與倭國、百濟聯軍於白江
口（今韓國錦江入海口）發生的一次水戰。唐軍一萬三千人，戰船
一百七十餘艘；指揮官劉仁軌、劉仁願、扶餘隆；新羅軍五千人，指揮
官文武王、金庾信；倭軍四萬二千人、戰船一千餘艘；指揮官安曇比羅
夫、阿倍比羅夫；傷亡一萬人；百濟軍五千人，指揮官扶餘豐。雙方在
百濟白江口展開了激烈海戰。唐將劉仁軌指揮船隊變換陣形，分為左右
兩隊，將倭軍圍住，其艦隻相互碰撞無法迴旋，士兵大亂。最終，日軍
戰船全部被焚毀，數萬日軍被殺或溺死。在此次戰役中，唐朝水軍充分
發揮自身優勢，將兵力、船艦皆數倍於己的倭國水軍打得大敗，堪稱一
次以少勝多的經典水戰。此次戰役是中日兩國作為國家實體進行的第一
次交戰，也是東北亞地區已知較早的一次具有國際性的戰役，其以唐
朝、新羅聯軍的最終勝利的結果基本上奠定了此後一千餘年間東北亞地
區的政治、經濟與文化格局。敗戰的日本一直不斷派遣使臣入唐，學習
唐朝先進的文化，長此以往，日本逐漸形成了自己一整套的政治、經
濟、文化等制度，數百年間，日本幾乎就是唐朝的一個「具體而微」的
翻版模型。在此後的千餘年間，日本一直對中國俯首稱臣，且恭敬有
加。

[23]《遣唐使眼裡的中國》，第9頁。

[24] 日・圓仁著，《入唐求法巡禮行記》，桂林：廣西師範大學出版社，
2007年，第5頁。

[25]《入唐求法巡禮行記》，第5—6頁。

[26]《遣唐使眼裡的中國》，第19頁。

[27]《入唐求法巡禮行記》，第10頁。

[28]《遣唐使眼裡的中國》，第22頁。

[29]《入唐求法巡禮行記》，第16頁。

[30]《遣唐使眼裡的中國》，第23—24頁。

[31]《舊唐書》卷六〈則天皇后本紀〉，第121頁。

[32]《入唐求法巡禮行記》，第15頁。

[33]行香：古代禮拜神佛的一種儀式。行香之制始於晉代道安法師。歷經
　　南北朝時期。進入唐朝，凡遇國忌日，朝廷即舉辦行香法會。宋人吳曾
　　《能改齋漫錄・事始》認為：「忌日行香，始於唐貞觀五年八月，敕天下
　　諸州，並宜國忌日，准式行香。」

[34]唐・李林甫等撰，陳仲夫點校，《唐六典》，北京：中華書局，1992
　　年，第127頁。

[35]《入唐求法巡禮行記》，第22—23頁。

[36]《入唐求法巡禮行記》，第71—72頁。

[37]《入唐求法巡禮行記》，第72頁。

[38]《入唐求法巡禮行記》，第72頁。

[39]《入唐求法巡禮行記》，第74頁。

[40]《入唐求法巡禮行記》，第72—73頁。

[41]實際上，唐武宗即位的時間是開成五年正月辛卯（十四日），《資治通
　　鑒》卷二四六「開成五年正月條」，北京：中華書局，2009年，第10437
　　頁。而非二月初八，二月乙卯（初八）是武宗大赦天下之日。《資治通
　　鑒》卷二四六「開成五年正月條」，第10437頁。這就是說，武宗「即
　　位」與「大赦天下」之間相隔20多天。

[42]《入唐求法巡禮行記》，第73頁。

[43]《舊唐書》卷四十四,《職官三》,第1885頁。

[44]馬得志、馬洪路,《唐代長安宮廷史話》,北京:新華出版社,1994年,第53頁。

[45]《舊唐書》卷一九九上,〈東夷・日本傳〉,第5340—5341頁。

[46]清・董誥等,《全唐文》卷二八七,《張九齡五》,上海:上海古籍出版社,1990年,第1286頁。

[47]《遣唐使眼裡的中國》,第80頁。

[48]《遣唐使眼裡的中國》,第80頁。

[49]日本學者古瀨奈津子指出:懷疑「天皇」一詞可能是經過《日本書紀》的編纂者加工潤色而出現的。

[50]韓昇:《遣唐使和學問僧》(「文史中國」叢書系列之「世界的中國」),北京:中華書局,2010年,第37—38頁。

[51]《舊唐書》卷一九九上,〈東夷・日本傳〉,第5341頁。

[52]《舊唐書》卷一九九上,〈東夷・日本傳〉,第5341頁。

[53]《舊唐書》卷一九九上,〈東夷・日本傳〉,第5341頁。

[54]清・彭定求等,《全唐詩》(增訂本)卷一二七,〈王維〉,中華書局,1999年,第1288頁。

[55]《全唐詩》(增訂本)卷一二七,〈王維〉,第1288頁。

[56]《全唐詩》(增訂本)卷二〇五,〈包佶〉,第2144頁。

[57]《全唐詩》(增訂本)卷七三二,〈晁衡〉,第8456頁。

[58]《全唐詩》(增訂本)卷一八四,〈李白〉,第1892頁。

[59]《資治通鑒》卷二一七,唐玄宗天寶十四載(755)十月條,第9120頁。

[60]《舊唐書》卷九，〈玄宗本紀下〉，第232頁。

[61]《唐六典》卷十一，〈殿中省〉，第506頁。

[62]復旦大學歷史系韓正教授認為：井真成的真實身份應該是733年第10次日本遣唐使團中的准判官，而非留學生。

[63]《唐六典》卷十一，〈殿中省〉，第326頁。

[64]《唐六典》卷十一，〈殿中省〉，第326頁。

[65]《舊唐書》卷四十四，〈職官三〉，第1885頁。

[66]《唐六典》，〈唐六典簡介〉，第1頁。

[67]《新唐書》卷二〇三，〈盧綸傳〉，第5785頁。

[68]《新唐書》卷一七六，〈韓愈傳〉，第5269頁。

[69]《唐六典》卷二一，〈國子監〉，第557頁。

[70]《東亞座標中的遣隋唐使研究〉，第90頁。

[71]《全唐詩》（增訂本）卷六二九，〈陸龜蒙〉，北京：中華書局，1999年，第7264頁。

國家圖書館出版品預行編目資料

唐朝公主及其婚姻攷論 / 劉向陽, 党明放著. -- 初版. -- 臺北市：
蘭臺出版社, 2021.09
面；　公分
ISBN 978-986-06430-1-5(平裝)
1.唐史 2.研究考訂
624.1　　110007367

唐朝公主及其婚姻攷論

作　　者：劉向陽、党明放
主　　編：盧瑞容
編　　輯：陳勁宏、楊容容
美　　編：陳勁宏
封面設計：陳勁宏
出 版 者：蘭臺出版社
發　　行：蘭臺出版社
地　　址：台北市中正區重慶南路1段121號8樓之14
電　　話：(02)2331-1675或(02)2331-1691
傳　　真：(02)2382-6225
E─MAIL：books5w@gmail.com或books5w@yahoo.com.tw
網路書店：http://5w.com.tw/
　　　　　https://www.pcstore.com.tw/yesbooks/
　　　　　https://shopee.tw/books5w
　　　　　博客來網路書店、博客思網路書店
　　　　　三民書局、金石堂書店
劃撥戶名：蘭臺出版社　帳號：18995335
香港代理：香港聯合零售有限公司
電　　話：(852)2150-2100　　傳真：(852)2356-0735
出版日期：2021年9月 初版
定　　價：新臺幣680元整（平裝）
ISBN：978-986-06430-1-5